企業会計入門 ［補訂版］

―― 考えて学ぶ

Introduction to
Corporate
Accounting

斎藤静樹・著

有斐閣

はしがき

　本書は企業会計の入門書です。大学2〜3年生ぐらいを念頭に書かれています。会計の勉強では，その技術的な仕組みから，そこで扱われる企業や市場の事実まで，ある程度の知識がないと「なぜ」を問うのが難しく，理屈がわからないまま意欲を失う人が多いといわれます。むしろ社会に出て企業の実態にふれたり，ビジネス・スクールに留学したりして，おもしろく感じるようになったという話を何度も聞きました。そのようなおもしろい世界に少しでも早く近づけるよう，ただ覚えるだけでなく，基礎となる理屈を学ぶことで知識や経験を補う入門書を書きたいと思ってきた次第です。

　考えて学ぶプロセスに重点をおいた本書は，もっと初歩の入門書をすでに学んだ学生や，財務諸表ぐらいは読めないと肩身が狭いと感じ始めた社会人の皆さんに，いわば再入門の独習書として読んでいただくこともできるでしょう。また経済学やファイナンス，あるいは経営学や法律学などを学ぶうえでも，会計情報の性質を理解するのに役立てていただけるかと思います。会計基準の国際統合（コンバージェンス）が進む昨今は，よい基準も悪い基準も一気に広がる時代ですが，できるだけ情報の歪みを除いて利用目的に活かすには，より普遍的な理屈の理解と，それに基づく批判的な視野が不可欠です。

　本書の目的は，特定の会計基準の解説や啓蒙・普及ではありません。そのようなトレーニングとしての教育は職業的専門家の責務であり，大学人である著者が寄与できるのは，あくまで

もエジュケーションの意味での基礎教育です。話題になることの多い国際会計基準（国際財務報告基準：IFRS）をはじめ，現実の基準にはその目的に適う範囲でなるべく詳しくふれますが，それは事実を偏りなく学び，問題点を含めて理解を深めるための作業です。もちろん，だからといってそれは会計研究という意味での会計学の入門書でもありません。学を語る前にまず対象を知ることが本書の目的です。

本書では，論旨を追いやすいよう，枝葉を「**Memo**」として関連する部分に挿入しました。そのなかには，理解を助けるために言い方を変えたり数値例を補ったりしたものもあれば，本文の説明の先にある問題点を示唆したもの，関連の深い話題を追加したものなど，いろいろなものが含まれます。広まっている誤解に注意を喚起する意味で，難しい話にふれたところもあります。読者は各自，取捨選択してお読みください。各章の末尾には，学んだことを基に知識の整理や応用を試みるための演習問題「**Discussion**」を加えています。復習を目的にしたものばかりでなく，中級かそれ以上の問題や，本文で説明していない話題も含まれています。正解は1つだけだと思わずに，自由に考えたり討論したりすることで，少しでも視野を広げていただければと思います。

執筆にあたっては荒田映子氏（武蔵大学）にモニターの役目をお願いし，教えている学生の立場に立って，わかりやすくするための注意や提案を最初の草稿に詳しく書き込んでいただきました。さらに山田純平氏（明治学院大学）にも，それを受けた修正版に注文を出していただきました。そのほか，草稿の一部をチェックしたり，会計基準の動向などで質問に答えたりしてくださった学界や実務界の仲間には，当方の誤解や不注意で

ご迷惑をおかけしないよう，お名前を掲げずに感謝の意をお伝えします。いずれにせよ，それらを正しく活かせていない責任が，すべて著者ひとりにあるのは断るまでもありません。

　最後になりましたが，本書の企画を推進し，的確なアドバイスとともに完成までの工程を注意深く管理してくださった有斐閣の尾崎大輔氏に，心よりお礼を申し上げます。

　　　2014年11月

斎藤　静樹

◆ 補訂版に際して

　初版の刊行後約1年が経過し，その後の状況にあわせて付録A「会計基準の国際動向」を全面的にアップデートしました。それに加えて，第2章の3〜4節を中心に，いくつか文章を直したり補ったりしました。扱っている問題の性質上，具体的な事実や会計基準との関係が初学者にはイメージしにくいところなどで，正確さより直感的なわかりやすさをさらに優先させたものです。付録Aを別にして内容は変わらず，文章の手直しもごく限られた範囲ですので，初版の補訂版として刊行する次第です。

　　　2016年1月

斎藤　静樹

目　次

序章　企業会計を学ぶ　　1

1. 企業会計とは　2
2. 企業会計制度の必要性　3
3. 周辺制度との補完関係　6
4. 会計基準の秩序と変化　8

第1章　企業会計の役割　　11

1. 投資と会計情報　12
2. キャッシュフローと利益　14
3. 利益と資本価値　21
4. 会計情報の概要と用途　26

Discussion　34

第2章　企業会計の仕組み　　37

1. 複式簿記の仕組み　38
2. クリーン・サープラス　42
3. 財務諸表の構成要素——資産・負債アプローチ　49
4. 財務諸表の構成要素——収益・費用アプローチ　54

Discussion　60

第3章　資本と利益の情報　　63

1. 会計上の資本と利益　64
2. 資産の認識と測定　67
3. 利益の認識と測定——事業投資と金融投資　72
4. 純利益と包括利益　78

Discussion　86

目　次 | v

第4章　収益認識のルール　　89

1　事業投資の収益認識　　90
2　事業リスクからの解放　　92
3　顧客との契約から生ずる収益　　96
4　外貨建て取引のケース　　104
5　金融投資とヘッジ取引　　109
Discussion　　111

第5章　費用の認識と配分　　115

1　収益と費用の対応　　116
2　資産原価と費用配分　　119
3　回収不能額の切り下げ　　127
4　リース取引の売買処理　　133
5　無形資産と費用認識　　138
Discussion　　140

第6章　負債の認識と測定　　143

1　負債の変動と収益・費用　　144
2　金融負債の測定と損益認識　　145
3　退職給付の債務と費用　　151
4　資産除去の債務と費用　　156
5　偶発損失と引当金　　161
Discussion　　166

第7章　純資産の開示と規制　　169

1　純資産の構成要素　　170
2　株主資本の分類　　173
3　その他の包括利益累計額　　178
4　新株予約権　　184
5　子会社の非支配株主持分　　188
Discussion　　192

第8章　企業結合の会計情報　　195

1 企業集団と連結情報　196
2 バランスシートの連結　199
3 損益計算書の連結　205
4 連結利益の概念　209
5 関連会社と持分法　215
6 合併と取得会社　217
Discussion　222

第9章　日本の会計制度改革　　227

1 戦後制度改革の経緯　228
2 米欧へのキャッチ・アップ　229
3 会計ビッグ・バン　234
4 グローバル・コンバージェンス　240
Discussion　248

付録A　会計基準の国際動向から ── 251

1 概念フレームワーク（251）／2 金融商品（253）／3 収益認識（254）／4 リース契約（255）

付録B　財務諸表の標準様式 ── 256

連結貸借対照表（256）／連結損益計算書（260）／連結包括利益計算書（262）／連結キャッシュ・フロー計算書（直接法）（263）／連結キャッシュ・フロー計算書（間接法）（265）

索　引 ── 266

序章

企業会計を学ぶ

Contents

1 企業会計とは
2 企業会計制度の必要性
3 周辺制度との補完関係
4 会計基準の秩序と変化

格差は強制的な開示制度がないと解消ないし緩和されないのでしょうか。非対称をそのまま放っておくと，誰がどのように困るのでしょうか。「経営者は，会社の実態を少なくとも一般の投資家には隠しておく誘因をもつ」→「となると投資家はその会社への投資について正しい判断ができず，投資のリスクに対して無防備な社会的弱者の立場におかれるだろう」→「だから投資家の必要な情報を指定して開示を強制する仕組みが不可欠なのだ」。すぐに思いつくのは，そうした弱者保護という家父長的な観点でしょうか。

確かにそれは大事な観点です。洋の東西を問わず，好ましくない事態が生じたときの会社経営者や会社組織の隠蔽体質を新聞やテレビでみるまでもなく，それが事実の一面を突いていることを疑う余地はありません。加えて会社情報は，いくらコストをかけて生産しても，開示されてしまえば誰もがただで自由に利用できるという**公共財**の性格をもっており，受益者負担の原則が働かない分だけ，社会的に望ましい水準に比べて供給が過少になりやすい面があります。資本市場では，証券価格がより豊富な情報に基づいて形成されるほど，社会的には適正な資源配分が達成されるはずですし，情報の偏在は投資家の間に不公平をもたらす可能性があるのですから，そこでは強制力のある制度によって望ましい水準まで情報生産を促すことが期待されるというわけです。

しかし，経営者にとって，自分のもつ会社情報を秘匿するのが常に合理的な行動だとはいえません。そもそも投資家が，情報の格差に対して自分を守る手段のない弱者だとみるのも，彼らが証券価格を通じて自らを保護する立場にある以上，いささか一面的にすぎる理解というべきでしょう。経営者がもってい

るはずの情報を隠していれば，投資家はその会社の**リスク**をそれだけ保守的に評価して，高いリスクにみあった**リターン**を要求するでしょう。ハイリスク・ハイリターンです。その会社への投資に期待する利回り（**資本のコスト**）が上昇し，結果として会社の発行する株式や社債の価格は下がります。会社にとっては資金調達の費用が上がるわけですから，それを避けるために経営者は，自分のもつ私的情報を積極的に開示しようということにもなるのです。

　したがって経営者は，自分がもっていることを投資家が知らないような情報を除けば，投資家に必要な情報を強制されなくても自分から開示するだろう，というのがこの議論の帰結です。その観点に立てば，内部情報の開示は基本的には市場にまかせておけば済むことであって，開示制度の役割は共通のフォーマットを用意することと，経営者がう・そ・の情報を出さないように基準を定めることぐらいでしょう[2]。もっとも，資本市場が十分に競争的でなければ，内部情報を出さなくても企業価値が損なわれるとは限りません。それだけ自発的な開示は妨げられやすくなるわけです。この場合は，不完全な競争に対処するうえで，依然として開示制度が必要とされることになります。これ以上は立ち入りませんが，**企業会計制度**の必要性にもこのような違った観点があることに注意してください。

---

2) **第1章**以下で述べるように，企業の資本や利益といった抽象的な大きさを測る会計情報では，なにが真実かはもとより，なにがう・そ・かも直接的な観察で決めるわけにはいきません。

3 周辺制度との補完関係

　さて，ここまでは会計情報や会計制度の役割を，主として投資家による**投資意思決定**のための情報という観点からみてきました。しかし，それは現代の経済社会において，会計情報がその目的のためにもっとも広く使われ，会計制度がその観点を中心に運用されているということでしかありません。会計情報を生み出す技術的な仕組みは，現代の株式会社や投資家が歴史に登場するよりずっと前に，日常の取引記録からそれを集約するシステムへと発展を遂げたものであり，それが新たな事業形態・事業環境のもとで基本的に承継されてきたにすぎません。投資情報という目的に合ったシステムを，白地に絵を描くように新しく工夫したものではないのです。したがって，そこには投資判断にあまり役立たない面や，反対にもっと別の用途に役立つ面が含まれているかもしれません。

　そもそも会計制度（ディスクロージャー制度）は，会社と投資家を結ぶ情報チャネルの1つにすぎません。さまざまな情報が互いに補完し合って，投資家の意思決定を支えているのです。だから投資家は，会計情報に機械的に反応するわけではありません。しかし，単なる情報にとどまらず，公的規制や私的契約に組み込まれると，数値はしばしば独り歩きして機械的に結果を決めてしまいます。所得課税や会社法の分配規制に会計情報が利用されるのはその典型ですが，ほかにも金融規制における自己資本比率，破産手続き開始の原因や証券取引所の上場廃止基準となる債務超過，新規上場審査の基準に含まれる連結経常

利益，料金規制における適正な原価，社債契約における留保利益や負債比率，経営者報酬契約における利益など，数え上げていけばキリがありません。

これらの用途は，会計情報の利用目的のなかで副次的なものとされることが多いのですが，それは重要でないという意味ではなく，投資家への開示を目的に作られている会計情報を借用し，いわばカスタマイズして使う側にあるということです。実際，そこでは，会計の数値をそれぞれの制度目的に合わせて取捨選択し，必要に応じて修正したうえで適用しています。違った目的のための制度でも利用可能な部分があれば，新たに自前のシステムを開発し運用するコストを節約するために，すでに定着している会計基準や**公認会計士監査**，あるいは行政官庁による監督の体制を，なるべく低い追加コストで使おうというわけです。こうした周辺の法制や規制，あるいは私的契約との補完的な関係は，逆に利用される側の会計制度にも制約となることが少なくありません[3]。

企業会計制度と周辺の法制や規制などとの**相互補完性**が，便益だけでなく互いに制約を与え合うこの関係は，経済制度全体の効率性を図ろうとすれば避けられない事態でしょう。会計情報のさまざまな利用目的のうち，投資家のための投資情報という目的を選んで会計制度を整備しながら，目的が異なる制度でもそれにフリー・ライドしてコストを節約しようとすれば，それぞれの制度の目的にとってベストな選択にならないという別のコストとのトレード・オフ（折り合い）を，相互補完的な経

---

3) 既存のシステムをなるべく低いコストで利用するため，それをできるだけ自分の利用目的に適合させようとするからです。

済制度のシステムとして図る必要があるからです。したがって，現実の会計基準は投資情報としての有用性だけで決まるわけではありませんが[4]，それでもまずその目的に合った体系を追求しながら，周辺の制度やそれを補う標準的な契約などとの調整をするほかはないということです。

4 会計基準の秩序と変化

　新聞を読んでいると，ときどき「会計は企業（会社）の実態を映す鏡」だとか「業績を測る物差し」だといった表現が出てきます。鏡が歪んでいたり，物差しが伸び縮みしたりするようでは，会社の実像など映せないし成績もつけようがないということでしょうから，まあ気持ちはわからなくもありません。複式簿記が資本の概念を生み出し，資本主義の企業を出現させたというゾンバルトの言葉のような，逆説的ながら深遠な洞察を秘めた印象はなくても，会計の専門家には受け入れやすいたとえとして聞いていればよいのでしょう。とはいえ，それでもどこか気になります。たえず動く企業の実態に対し，外側から与えられる動かないものとして，そして企業にかかわる人たちの利害を超越したものとして，会計がとらえられているように聞こえるからでしょう。

　しかし，会計というのは，会社の実態を情報に変える役割を担いながらも，それ自体が会社の実態を作り出し動かしている

4）　そうでなくても企業会計の仕組みには，前述のように，投資情報としての利用目的が制度の課題となる前からの実務慣行や社会規範を，そのまま引き継いだところが少なくありません。

人々の経済行為の一環です。当然ながら多様な利害を背負っていますし,時代や環境による変化と無縁なものではありません。会計基準は実務慣行として定着してきた社会規範を秩序だったルールのシステムにまとめたものですが5),それは基になる慣行のどれかが変わったり,新しい慣行が作られたりすれば,整合性を失って退化するかもしれません。そしてそこから,退化したシステムの整合性を回復する進化のプロセスが始まることになるでしょう。会計のルールは,この経路依存的な変化を繰り返して現在に至っているのです。昨今の急速な国際化を含めて,会計制度のあり方を考えるには,そうしたダイナミックな側面をみることも大事です。

＊　＊　＊

いささか大きな話になってしまいましたが,以下,本書の各章では,まず第1章で企業会計の役割を投資情報としての観点から整理するとともに,なぜそこで利益情報が中心となるのかを考えます。第2章では企業会計に固有の仕組みと,それが生み出す情報の相互関係を整理します。続く第3章で資産の評価と利益の測定がどのように互いを制約するか検討した後,第4章と第5章では,それぞれ収益と費用の認識・測定をやや具体的に説明します。第6章では負債と利益認識との関係を補い,第7章では純資産の要素を取り上げます。第8章では連結や合

---

5) 会計基準は,現実に生ずるあらゆるケースを想定して作られるものではありません。実際にはそれを類推して適用することが多くなりますが,そのためには基準相互の間で矛盾のない整合的な秩序が必要です。そうでないと,そこからいくらでも都合のよいルールを導き出すことができてしまうからです。

併といった企業結合の会計ルールをまとめ，最後の第9章では戦後日本の会計制度改革を振り返り，昨今の国際動向との関係を概観します。国際動向の詳細にはふれませんが，巻末にごく簡単な付録を補っておきます（付録A）。また，日本の制度に基づく主な財務諸表の標準様式を付録Bに掲げます。

第 **1** 章

企業会計の役割

—— Contents

1 投資と会計情報
2 キャッシュフローと利益
3 利益と資本価値
4 会計情報の概要と用途

1 投資と会計情報

　企業会計というのは，企業の投資を数字に表して，その現状と成果を一覧できるようにする仕組みです。個人でも財産や所得は経済力の主要な情報ですが，**序章**で述べたように，これは組織体としての企業（会社）の成績表といってもよいでしょう。**投資**という言葉が気になるかもしれませんが，それは不確実な将来の成果を期待して，保有資金を**リスク**にさらす行為です。いま使える確かな資金を，将来の不確かな資金（に対する請求権）と引き換える取引です。企業はこうした投資が束になったものにほかなりません。どれだけの資金がどのように投資されているのか，成果としてどれだけの余剰が生み出されているか，企業の実績を数字にすることで将来の予測と他の代替的な投資案件との比較検討を可能にし，今後の投資判断に役立てるのが企業会計の主な役割です。

　では，企業が投資に充てる資金はどこから来るのでしょうか。企業であっても個人事業と同じく，事業者である個人が出した元手や，借りてきたお金が使われます。ただ，会社組織の企業には，自然人である個人と同様，取引の当事者として，権利を有し義務を負う資格（法人格）が与えられています。したがって，事業者の出したお金は直接には会社のものとなり，彼らは会社の所有者として，借金を返した後に残る会社財産（残余財産）の全体に対するいわば間接的な所有権（**持分**）をもつ立場に変わります。株式会社であれば株主の出したお金は会社の資本となり，株主は会社の投資成果や残余財産に対して**不確定な**

請求権をもつわけです。借りたお金も会社所有者ではなく法人としての会社の借金であり，債権者は会社財産から弁済を受けることになるのです。

> **Memo 1-1**
>
> 　会社の財産だけでは借金を返せない場合，会社の所有者がどこまで責任を負うかは会社の法的な形態によって異なります。株式会社においては，所有者である株主がその不足分の弁済を求められることはありません。株主は保有する株式の価値がゼロになるリスクは負いますが，それ以上に個人財産をもって会社の債務を弁済する法的な責務を負わないのです（株主有限責任）。その分だけ，債権者のリスクが高まるのはいうまでもありません。

　ここで，企業が投資に充てる資金を出す人たちは，企業所有者（株主）であれ債権者であれ，彼らもまた成果を期待して保有資金をリスクにさらす（投資する）立場にあるのは明らかです。株主や債権者は企業に投資し，企業はその資金をさまざまな事業に投資して，そこで得た成果を彼らに分配するという連鎖が成立しているわけです。もちろん，同じように投資といっても，会社財産から優先的に弁済を受ける代わりに約束した金利以上の成果は請求できない債権者と，その後に残る会社財産にしか請求権をもたない代わりに残りはすべて手にする株主では，出したお金をすべて失う可能性はどちらにもありますが，立場は大きく異なります。しかしリスクを負う以上，投資の現状と成果について情報を必要とすることに変わりはありません。**会計情報**が必要とされるのもそのためです。

　ちなみに，会計情報を必要としているのは，すでに資金を投

じて株主や債権者となった人々ばかりではありません。もし当該企業に投資していたらどうなったかを確かめながら投資先を選択する、いわば潜在的な株主や債権者を含めて、広範な投資家層が等しくこの情報に関心をもっているとみるべきでしょう。経営者も一面では会計情報の利用者ですが、**序章**でふれたように、彼らは企業の内部情報を、外部の投資家に対して開示する立場でもあります。情報の開示によって、投資のリスクに関する投資家の評価が保守的になるのを防ぎ、高いリターンを要求されて資金調達コストが上がるのを回避しようとするわけです。ほかにも会計情報は広い範囲の人たちに利用されますが、もっとも重要な用途は、投資家による**投資価値**ないしは**企業価値**の評価といえるでしょう。

2 キャッシュフローと利益

　それでは、投資にあたって必要な情報とはどのようなものでしょうか。繰り返しになりますが、投資は現在ある確かな資金をリスクにさらし、成果を含む将来の不確かな資金を得ようとする行為です。そこでいう資金とは、現金や預金だけでなく、換金が容易で保有する間の価値変動がほとんどない現金同等物を含めた、しばしば**キャッシュ**と呼び慣わされてきたものです。つまり投資とは、リスクのない現在のキャッシュを、結果が不確実という意味でリスクのある将来のキャッシュと交換することです[1]。その意思決定の標準的なプロセスは、将来の**キャッ**

---

1) 不確実性とリスクは確率分布が知られているかどうかで区別され

シュフローを予想して現在の価値に引き直し，その価値が必要な投資額より高ければ（低くなければ）投資を実行するというものです。すでになされた投資を継続するかどうかも同じ基準で判断します。実行できる投資案件がほかにもあれば，その価値と比べて評価することになります。

将来のキャッシュフローを**現在の価値**に引き直すには，その間の金利相当額を前者から除かなければなりません。将来のお金を現在のお金と等価にする，いわば両者の交換比率で将来の価値を現在にまで割り引くのです。たとえば保有する現金100万円を銀行預金で運用した場合，仮に利子率が年3％だとしますと，1年後の元利合計は103万円になるはずです。そこでは103万円を1年分だけ3％で割り引いた（103万円を1.03で割った）100万円が現在の価値であり，現在の投資100万円に一致します。しかし，期待する収入が同じ額でもリスクが高く，1％のプレミアムを加えた**割引率**4％を適用するときは，103万円を1.04で割った約99万円が現在の価値になって投資額を下回ります。この場合に投資が実行されるには，1年後，平均的に期待される収入が103万円でなく，もっと大きな額，具体的には104万円かそれを超える額でなければなりません。

ここで設例をもう少し企業の投資に近づけ，当初に160（金額単位は省略）の設備投資を要するプロジェクトを考えます。この投資からは，2期間にわたって毎期末に100ずつの正味キャッシュフローが期待されているとしてみます。**正味キャッシュフロー**というのは，キャッシュの流入から流出を引いた額で

るのが普通ですが，ここでは両者を特に区別するまでもありません。とりあえず，結果が確定しない状態と考えてください。

すが、ここでは設備を使って生み出された製品やサービスの販売収入から、設備の費用（**減価償却費**）以外の支出経費を引いた正味の額と考えます。この点は次節でもふれますが、とりあえず償却前利益と思ってください。上記の割引率（**資本コスト**と呼ばれます）が年5％で一定と仮定すれば、この投資の当初時点の**資本価値** V_0 は、

$$V_0 = 100 \times \frac{1}{(1+0.05)} + 100 \times \frac{1}{(1+0.05)^2} \fallingdotseq 186$$

となります。当初に必要とされる投資額160を上回りますから、他の候補案件がなければこの投資は実行されるというわけです。

> **Memo 1-2**
>
> 資本コストというのは、投資に求められる最低限の正味収益（率）です。借入金の場合ならば利子率（実効利率）を考えればよいのですが、株式発行で資金をまかなっている場合は、株価ないしその理論価値を下げないだけの収益（率）ということになります。両者が混ざっているときはそれらの比率で重みづけした加重平均値です。それが一定というのは単純化のための仮定であり、実際にはたえず変動して現在価値を変動させます。

第1期の営業の結果、この投資からの正味キャッシュフローがもし当初の予想どおりに実現すれば、設備の減価償却費を使用期間にわたる投資支出の均等配分額（160÷2＝80）で計算したときの**利益**（**営業利益**） Π_1 は、

$$\Pi_1 = 100 - 80 = 20$$

です（図表1-1のケース1）。第2期にもこの投資が継続されて、ふたたび期待したとおりの正味キャッシュフローが実現すれば、

図表1-1 キャッシュフローと利益：計算例のまとめ

	ケース1		ケース2	
	第1期	第2期	第1期	第2期
第1期首に予想した正味キャッシュフロー	100	100	100	100
第1期首の資本価値	186		186	
第1期中に実現した正味キャッシュフロー	100		90	
減価償却費	80		80	
利益	20		10	
予想し直した第2期の正味キャッシュフロー		100		90
第2期首の資本価値		95		86
第2期中に実現した正味キャッシュフロー		100		90
減価償却費		80		80
利益		20		10

各期のキャッシュフローは，予測値も実現値も期末時点のものとする。

第2期の利益 $\varPi_2$ も20になります。減価償却費を毎期80の均等額でなく，たとえば第1期100，第2期60のように傾斜配分をしたときは，第1期の利益はゼロ，第2期の利益は40に変わります。このように会計上の操作で第1期に利益が出なくても（あるいはマイナスでも），投資がそのまま継続されてキャッシュフローが変わらない限り，第2期までの投資期間を通算した利益40は変わりません。

他方，第1期の正味キャッシュフローが期待を下回り，たとえば90になったとしたら，定額の減価償却費80を引いたその期の利益は，

$\Pi'_1 = 90 - 80 = 10$

つまり当初予想の半分になります。しかし、途中で成果の実績が期待を下回っても（仮にマイナスでも），投資をやめて設備を処分するかどうかはわかりません。それを決めるには，収入を当初100と予想しながら90に終わった事実を受け，将来の正味キャッシュフローを期末に予想し直したうえ，それを資本コストで割り引いて再評価した価値を，第1期末の投資額と比べてみなければなりません。過去から引き継がれている投資については，処分価値（清算価値）がその時点の投資額にあたります。期待される将来の成果に基づく投資の価値が処分価値を下回らない限り，投資は継続されるというわけです。

> **Memo 1-3**
> 正確にはこの処分価値のほか，他に選択できる投資案件の価値を含めて最大のもの，つまりこの投資を選択する結果として断念される「機会」の価値（この投資の**機会費用**）を下回らないことが必要です。現在の投資から期待される成果の価値が処分価値を上回っても，もっと価値の高い（もっと儲かる）投資案件があれば，そちらに乗り換えることになるのはいうまでもありません。

いま，第1期の正味キャッシュフローが実際には90だったという情報を基に，期末時に翌第2期のそれを予想し直して，当初の100からたとえば90に引き下げたと仮定します。資本コストは5％のまま変わらないとすれば[2]，第1期末時点に

---

2) 資本コストを一定にするのは，あくまでも設例を簡単にするため

おける再評価後の投資の価値 V_1' は，投資期間があと1期しかないので，

$$V_1' = 90 \times \frac{1}{(1+0.05)} \fallingdotseq 86$$

となります。このときの設備の売却時価（処分費用控除後）が86よりも低ければ，投資は継続するのが有利です。もし継続され，予想し直した正味キャッシュフロー90が実現すれば，第2期の利益は減価償却費80を引いた10ですね（図表1-1のケース2）。このように，事前の期待に反してキャッシュフローや利益の実績が低くても，将来の期待価値が清算を含めた代替案の価値より高ければ，投資は継続されることになるのです。会計情報は予測への役立ちを通じてしか投資に影響しないのです。

Memo 1-4

ここで第2期の利益は，実現した正味キャッシュフローから，設備への投資支出を配分した減価償却費80でなく，第1期末に再評価した投資の価値86を引いた値になると考える人もいると思います。それはひとつの考え方ですが，その場合は第1期の減価償却費も80でなく74（=160−86）とするか，減価償却費を80としたときは6（=86−80）の評価益を第1期末に計上しなければなりません。

一般に，設備を使う前に売っていれば避けられた時価の下落分で減価償却を測るという考えは昔からありますが，その場合でも使用期間を通算した設備の費用は投資支出の額になりますので，結局はその期間配分の問題になってしまいます。会計上の減価償却が投資支出を機械的に配分するのは，どのように配分してもそれによって投資の継続か清算かが直接に決まるわけでしかありません。前述のように，実質的には意味のない仮定です。

ではなく，もっぱら予測への役立ちを通じた**影響**にとどまるからでしょう。

これまでの説明をもう少し一般化すると，投資というのは，選択可能な投資案件について，①将来に予想される不確実な成果を（それぞれのリスクにみあった）資本のコストで割り引いて現在の価値を評価し，②評価された投資機会の価値が投資支出の価値を超えるものを比較していずれかの案件を選択するだけでなく，さらに，③いずれかを選択した後に生じた実際の結果を測定して事前の予想と比較検討し，④その情報をそこから先の将来に関する予想形成にフィードバックさせ，新たな情報に基づいて当初の予想を改定しつつ，再び投資価値の評価と選択を繰り返すプロセスと考えることができます（図表1-2）。会計情報はこの③の局面で，事前の予想に対応する事後の事実を測定し，その先の予想形成に寄与するという役割を担っているのです。

ちなみに上記の例では，利益はともかくキャッシュフローの実績値が，その後の予測を左右しています（第1期の実績値90を受けて，第2期の予測を当初の100から90にしていました）。ただ，実際には，過去の実績がそのまま将来の予測に結びつくとは限りません。会計情報はさまざまなチャネルを通じて伝えられる企業情報の1つでしかなく，そこに反映されない別の情報を基に，将来のキャッシュフローや利益が見込まれる可能性も少なくありません。会計情報の利用者は，現在までの利益を他のさまざまな情報と結びつけて将来の企業成果を予測しながら，投資の規模（たとえば総資本や自己資本）に対するその比率（後述の総資本利益率〔ROA〕や自己資本利益率〔ROE〕）を資本コス

図表1-2 投資の意思決定と会計情報

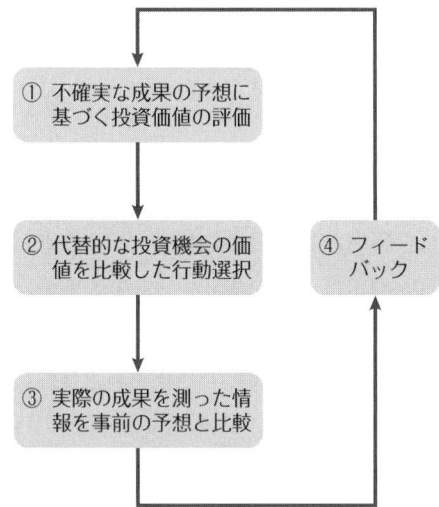

トと比べて収益性を評価するしかないのです。

3 利益と資本価値

　前節では，投資の価値をそれが生み出す各期の正味キャッシュフローで評価し，設備の費用（減価償却費）をそこから引いた毎期の利益は，価値の評価に影響させませんでした。投資支出は各期の費用に配分して正味キャッシュフロー（償却前利益）から差し引くのでなく，総額を一括したまま投資の価値と比較していたのです。設備投資に伴うキャッシュの流出は，その設備を使う事業の収入や支出から離れた，通常は毎期の事業成果が出てくる前の時点です。それを設備の使用期間にわたる減価償却費に配分すれば，支出額を支出時より後の期間の費用に移

すことになりますが、利子をつけずに先送りする以上、減価償却費の現在価値は投資支出よりも小さく、それを差し引いた期待利益の現在価値を正味の投資価値（投資支出を超える投資価値）より高くしてしまいます。

　前節の例で確かめましょう。当初の設備投資が160、その後2期間にわたって毎期100の減価償却前利益が生ずるケースです。そこでは、販売収益がすべてキャッシュの流入を伴い、減価償却費以外の費用はすべてキャッシュの流出を伴っていると仮定しましたので、償却前利益が正味キャッシュフローに相当します。その毎期の流列を5％で割り引いた現在価値は約186、そこから投資支出160（当初支出なので現在価値も160）を差し引いたこの投資の正味現在価値は約26でした。それに対し、投資支出を繰り延べて2期間にわたり80ずつ減価償却していくと、利益は2期間とも20ずつとなり、正味の現在価値は約37まで増えますね。成果としてのキャッシュフローは変わらないのに、減価償却費の配分で利益の現在価値が変わってしまうことにもなるのです。

　このように、投資の価値を評価するための成果の予測では、投資支出を各期に配分することなく、それを除外した各期の正味収入を見積もります。利益を測定するときには必ず差し引かれる設備の費用（減価償却費）を引かずに、償却前の利益にあたる投資の成果を現在の価値に引き直して投資支出と比較するわけです。とはいえ、各期の正味キャッシュフローを償却前利益で代理させられるのは、利益に影響する要素が、減価償却費を除いてすべてその期のうちにキャッシュフローを伴う（収益が収入を伴い費用が支出を伴う）と仮定しているからです。実際には、収益と収入、費用と支出が、それぞれ発生する期間を異に

するケースが出てきます。その場合は，償却前の利益というだけでは正味キャッシュフローの代わりになりません。

　たとえば販売収益を計上したものの売掛金の回収は翌期になるとか，在庫品の仕入れで現金支出が生じたものの，その販売に伴う費用（売上原価）の計上は翌期になるといったケースです。売掛金の取得は販売代金の一時的な貸し付けと変わらず，すぐに換金される有価証券の増加分や，短期に販売される在庫品の積み増しなどと合わせて**運転資本**投資と呼ばれます。そこから買掛金など営業債務の増加で運転資本が減った分を差し引いた正味運転資本増分を，償却前利益（営業利益に減価償却費を足し戻した額）から控除しないと正味キャッシュフローにはなりません。会計上は，

　　正味キャッシュフロー
　　　＝営業利益＋減価償却費－正味運転資本増分

という関係で表されます[3]。営業利益は，税を引いた後の数値です。

　さて，この投資期間にわたるキャッシュフローを予測し，それを割り引いた現在価値で投資を評価する上記の文脈では，各期に回収されたキャッシュが**再投資**されずに事業から分離されることを暗黙裡に想定していました。もしそれが設備など固定資産に再投資され，その成果が現在の投資の成果に加わる場合

---

3) 繰り返しますが，正味運転資本は，現金や現金同等物を除く流動資産マイナス流動負債です。ここでいう正味キャッシュフローは，後述のキャッシュフロー計算書に示される「営業活動からのキャッシュフロー」にほぼ該当します。ただし，現金収支を同時に伴わない損益項目がほかにあれば，その分の調整を加える必要があります。

には,再投資の支出をその期の正味キャッシュフローから引かないと,検討している投資の価値が,追加投資の価値を加えて評価されてしまいます。この固定資産投資を引いた大きさは,しばしば**フリー・キャッシュフロー**と呼ばれています。つまり,

フリー・キャッシュフロー
　＝営業利益＋減価償却費－正味運転資本増分－固定資産投資

です。株主や債権者のために自由に使えるお金という意味でしょうが,これがプラスなら,会社はそのお金を配当の支払いや借金の削減に使います。反対にマイナスなら,不足分を借り入れや増資などで調達することになるわけです。

ここまでくると読者の皆さんは,キャッシュフローによって投資の価値を評価しているのに,なぜ利益の話が出てくるのか疑問に思っておられることでしょう。投資にあたって期待する成果がキャッシュフローなら,事後に測定する実際の成果もキャッシュフローでなければ意味がない,少なくともその後の成果に関する期待(予想)を改定するのに役立たないのではという,至極もっともな疑問です。確かに,再投資のない単独の投資プロジェクトであれば,利益を投資の評価に使わなくても済むのかもしれません。しかし,成果の一部が再投資されてそれがまた成果を生むという,いわば複数の投資プロジェクトが重なり合って無限に続く企業の価値を評価するときは,そこから期待される利益の流列を,恒久的な定額の利益に変換する方法が使われます。

つまり,定額の**恒久利益**を予想できれば,それを毎期の利子として生み出す資本の額がその流列の価値になります。利子率(資本コスト)が r のまま変わらなければ,その資本価値は恒久

利益の額に，割引要素

$$(1+r)^{-1}+(1+r)^{-2}+(1+r)^{-3}+\cdots$$

を掛けた値になりますが，この無限等比数列の和は r^{-1}（r 分の1）ですから，要するに恒久利益を r で割ればよいということです。この恒久利益は，現在（まで）の利益を基に予測されるでしょう。ここで現金支出を伴わない減価償却費を利益から控除し，留保した資金を投資（運転資本投資と固定資産投資）に充てれば，営業利益とフリー・キャッシュフローとが一致して，前者で後者を代理させることが可能です。こうして現在の投資水準を維持し，現在の営業利益が将来も続くと仮定してみるのが，恒久利益を企業価値の評価に使う着想です。

Memo 1–5

フリー・キャッシュフローについては，前ページに示した定義式を参照してください。それと営業利益が等しくなるには，残りの項目の和がゼロでなければなりません。減価償却による留保資金が，正味運転資本増分と設備など固定資産投資に充てられるわけです（利益はすべて配当）。わかりにくければ，正味運転資本の額を一定にしたまま，減価償却分が設備等の部分的な更新に充てられる状況を想定してください。

なお，減価償却分の再投資によって現在の投資水準を維持するというのは，現在の設備を同じものに更新し続けるという意味ではありません。現在の収益性を維持する投資機会に（現在とは異なる設備や事業を含めて）再投資をし続けるということです。

このように考えると，恒久利益を事前に予測するとともに，実際に生じた利益を事後に測定してその先の予測にフィードバ

ックするプロセスは，投資プロジェクトの束でもある企業の評価にとって，きわめて重要な意味をもっていることがわかります。企業の価値を恒久利益の予測値が決め，その恒久利益が現在までの利益を基に予測されるというわけです。企業会計は，そうした予想形成に役立つ利益情報を作り出して広く投資家に開示することを求められているのです。ちなみに，ここでいう恒久利益は，それを企業の所有者に配当しても，その後の期間にわたって同じ額を配当できると見込まれる最大額にあたるという点で，経済的所得としてしばしば言及されるヒックスの所得概念（毎期同額の消費を見込める所得第2号）とも符合しています。

4 会計情報の概要と用途

　前置きが長くなりましたが，ここで上記の利益を開示する会計情報がどのようなものか，コアの部分だけを大雑把にみておきましょう。それは統一的な視点から体系的に作られる企業の全体像ですが，その仕組みを学ぶのは後に回して，先にできあがった結果について直感的なイメージを得ておくほうが，一見したところ無味乾燥な会計のルールを理解するのに役立つのではないかと思います。会計情報は**財務諸表**と呼ばれる互いに関連し合ったいくつかの計算書にまとめられていますが，そのなかでも中心的な位置を占めているのは**貸借対照表（バランスシート）** と**損益計算書**の2つです。古めかしい名称ですが，前者は資産と負債を対照させた企業の財政状態を，また後者は文字どおり企業の経営成績を表すものといってよいでしょう。

図表 1-3　バランスシートと正味キャッシュフロー

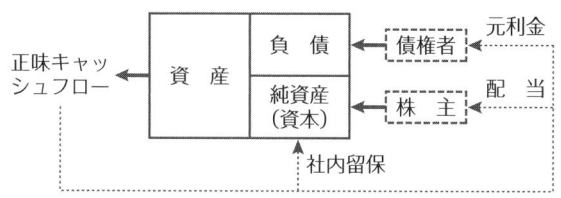

図表 1-4　バランスシートの区分

資 産	流動資産	流動負債 固定負債	負債
	固定資産	拠出資本 留保利益 そ の 他	純資産

　まずバランスシートですが，図表1-3に示したとおり，左側に会社の資産，右側に会社の負債を掲げ，その差額を純資産（あるいは資本）として表示します。つまり**純資産**というのは，資産総額から借金でまかなわれた分を引いた正味の身代であり，最終的には会社の所有者（株主）に帰属する，いわば会社の**自己資本**です。**資産**は会社が支配している経済的資源，**負債**はその資源を引き渡す義務などと定義されますが，さしあたり面倒なことは気にしないで，資産は有形の財産や無形の権利，負債は法的な債務やそれに準ずる義務だと考えればよいでしょう。負債と純資産が会社の投下した資金の調達源泉を，また資産がその資金の運用形態をそれぞれ表すとみるのも，直感的な理解には役立つかもしれません。いずれにせよ，資産は負債プラス純資産と同額になります。

　このバランスシートの諸項目は，さらに図表1-4のように細

かく分類されています。資産や負債は，複数の期間にわたって繰り越されるものが「固定」，そうでないものが「流動」に分類されます。流動資産や流動負債は1期間のうちに回収あるいは決済されてバランスシートから消えるもの，固定資産や固定負債はもっと先まで保有されてバランスシートにとどまるものというわけです。純資産は株主の出資による拠出資本部分と，過去の利益が分配されずに再投資された留保利益部分のほか，最近ではどちらにも分類しかねる新顔が加わっています。難しいので説明は後回しにしますが，最終的に株主に帰属する部分ではあっても，いくつかの理由で，確定した拠出資本や留保利益（両者を合わせて**株主資本**と呼ぶことがあります）と区別される要素です。

　他方で損益計算書は文字どおり企業成果を開示するものですが，問題は，そもそもなにを成果と考えるかです。出資や配当といった会社と株主の間の取引（**資本取引**）を除いて純資産が期間中に増えた分を**包括利益**と呼んでいますが，バランスシートが利益の測定に制約されずに独立の観点から作られていると，包括利益にはキャッシュフローを伴わない資産の評価益が含まれる可能性もあり，前述のフリー・キャッシュフローを代理した営業利益のような役割は望めません。そのため，投資情報としての利益の測定では，バランスシートから直接導かれる包括利益のうち，キャッシュフローとして実現していない要素を取り除いた，恒久利益の予測に役立つ成果（**純利益**）に関心が向けられてきました。現在では，純利益と**その他の包括利益**を分けて開示しています。

> **Memo 1-6**
>
> 営業利益の計算要素である減価償却費もキャッシュフローを伴いませんが、すでに述べたように、それは将来の正味営業収入を予測するにあたって、年々の再投資支出をとりあえず代理する役目を担うものでした。なお、利益を測定する際に利益実現の要件とされるキャッシュフローは、流動性や価格変動のリスクがごく小さい現金および現金同等物という狭い意味のキャッシュだけでなく、前述したようにもう少し広い範囲のものも含んでいます。その理由は後の章で説明します。

純利益は、営業取引の成果（営業利益）と、金融取引などそれ以外の成果に大別されるのが普通です。**収益**から**費用**を控除した後の純額だけでは営業の規模がわからないので、営業取引の利益は、製品やサービスの売上収益と、その取得・生産の費用（売上原価）や販売・管理の費用とを総額開示したうえでネットすることになっています。また金融取引などによる営業外の利益も、多くは収益と費用とが別々に総額で表示されます。臨時的な性格の損益が、区別して別途に示されることもあります。税引後の純利益を確定させた後で、上述したその他の包括利益を加減して包括利益が計算されるのですが、その表示はほぼ図表1-5のとおりです。包括利益は（株主との取引を除いた）純資産額の変動分でしたから、これでバランスシートと損益計算書がつながることになるわけです。

この2つの財務諸表が揃うと、投資の成果である利益の額を、それを生み出した投資の規模で割った資本利益率の指標が得られます。債権者と株主の投資を一体とした総資本の成果をみるか、株主の投資に限った自己資本の成果をみるかで、分子も分母も当然ながら範囲が違ってきます。負債を含む総資本の成果

図表1-5 損益計算書の概略

```
      売上高
  −) 売上原価
  −) 販売費・管理費              営業利益
  ─────────────────────────────
  +) 営業外収益
  −) 営業外費用                  経常利益
  ─────────────────────────────
  +) 特別利益
  −) 特別損失                    税引前純利益
  ─────────────────────────────
  −) 法人税等                    当期純利益
  ─────────────────────────────
      当期純利益
  ±) その他の包括利益増減        包括利益
```

には債権者に支払った利子も含まれますが，株主の投資額である自己資本の成果は，利子を支払った後の株主に帰属する部分だけです。包括利益と純利益の違いを考えず，純資産と株主資本とが区別されない場合なら，**総資本利益率（ROA）**と**自己資本利益率（ROE）**は以下のように定義されます（ただし税を無視します）。

$$\text{ROA} = \frac{(純)利益 + 支払利息}{自己資本 + 負債} \; ; \; \text{ROE} = \frac{(純)利益}{自己資本}$$

この両者に共通する（純）利益を消去して整理すると，

$$\text{ROE} = \text{ROA} + \frac{負債}{自己資本}(\text{ROA} - 負債利子率)$$

という，資本利益率と負債利子率および負債比率の間の重要な関係式が得られます。ついでに，**株価収益率（株価利益倍率；PER）**と**株価簿価倍率（株価純資産倍率；PBR）**という指標も知っておきましょう。

$$\mathrm{PER} = \frac{株価}{1株当たり(純)利益} \; ; \; \mathrm{PBR} = \frac{株価}{1株当たり自己資本簿価}$$

> **Memo 1-7**
>
> これらの指標の使い道は詳しく説明しませんが,前にも述べたとおり(**Memo 1-2**),ごく大雑把にいうと自己資本利益率(ROE)は株式の資本コストと,また総資本利益率(ROA)は債権と株式との加重平均資本コストとそれぞれ比較して,企業の投資がリスクにみあった成果を上げているかどうかを評価するのに使われます。
>
> また,ここで負債を自己資本で割った**負債比率**は**財務レバレッジ**と呼ばれ,企業の財務リスクの重要な指標とみられています。レバレッジというのは梃子を意味します。負債を増やしてそれを1より大きくすれば,ROAが利子率を上回る(または下回る)分を増幅してROEを変動させる点で,梃子のような働きをするからです。
>
> なおROEは,以下のような比率に分解することで,企業経営の問題点を発見するのにも使われます。
>
> $$\mathrm{ROE} = \frac{(純)利益}{自己資本} = \frac{(純)利益}{売上高} \times \frac{売上高}{総資産} \times \frac{総資産}{自己資本}$$
>
> 右辺の3つの項のうち,第1項は**売上高利益率**,第2項は**総資産回転率**ですが,この2つは,一方を立てれば他方が立たないという,トレード・オフの関係になりがちです。大衆食堂と高級料亭を比べてください。薄利多売で資産の回転効率を上げるか,回転率を下げても利幅を上げるか,ビジネス・モデルの選択にもかかわる問題です。第3項は**自己資本比率**の逆数ですが,これも負債比率と同様,財務リスクを表す指標です。

もちろん,財務諸表は上記の2つだけではありません。なか

でも前述の営業活動からのキャッシュフローがどれだけ追加投資に支出され，資金の過不足がどのように運用もしくは調達されているかをまとめた**キャッシュフロー計算書**は重要ですが，その様式の説明は省略します（巻末付録Bを参照してください）。いずれにせよそれらは，原則として現在（まで）の企業の財務状況を伝える事後の情報であり，予測値を含むことはあっても事実の開示を目的としたものです。この情報に基づいて将来を予測するのは，あくまでもそれを利用する側（一般には投資家）の仕事です。バランスシートが企業価値を反映するといった話が出回ったこともありますが，経営者が自ら評価した会社の価値を投資家に伝えるなどというのは，仮にあったとしても会計情報の役目ではありません[4]。

> **Memo 1-8**
>
> ここではキャッシュフロー計算書の様式にはふれませんが，特に間接法と呼ばれる様式（巻末付録B）は，利益との関係で営業からのキャッシュフローを理解するのに役立ちます。それは，税引後の純利益から，同じ期間にキャッシュ（流動性や価格変動のリスクがごく小さい現金および現金同等物）の増減を伴わなかった要素を除き，それに正味の運転資本投資（キャッシュにあたるものを除いた流動資産の増分マイナス流動負債の増分）を加えて得られます。

これらの財務諸表は，資本市場における**公正な会計慣行**に基づいて作られてきましたが，そうした暗黙の社会規範は，市場

---

[4] 早い話，それは自己創設のれんの計上という会計上のタブーにふれてしまいます。**第3章**を参照してください。

規制の観点から次第に会計基準という書かれたルールに姿を変え，資本市場の重要なインフラの一環をなすと同時に，法人税制・会社法制や各種の業界規制，あるいは企業の私的契約などにも組み込まれて国ごとに発展してきました。最近ではこれを国際的に統一するという**グローバル・コンバージェンス**の運動を，欧州の市場統合を機に2001年にスタートした**国際会計基準審議会**（IASB）がリードしてきました。ただ，周辺諸制度と歯車のように嚙み合った国ごとのシステムから，会計基準だけを切り離して世界統一を図っても，うまくいかないのは自明です[5]。どこまでそれを統一するのが望ましいのか，まださまざまな試行錯誤が続けられている段階です。

---

5) 会計基準が変われば，それと嚙み合っている周辺制度も連動して変わるというなら別ですが，その保証がないところに問題の難しさがあるのです。

Discussion

[1-1] 会計情報の役割

　余裕資金の投資先を検討しているあなたが，ある会社の事業にそのお金を貸してほしいと頼まれたとします。当然あなたは，問題の会社がどのくらいの財産をもっていて，どのくらい借金をしているかという財政状態と，どのくらい儲かっているかという経営成績とを知ろうとするでしょう。

　しかし，上記の意味の財政状態がわかったとして，そもそもあなたは，その情報をどう使うつもりなのですか。経営成績の情報についてはどうですか。両者を比べて，どちらの情報により大きな関心がありますか。それはなぜですか。その結論は，お金を貸す場合と会社の株式を買う場合とで違いますか。

[1-2] バランスシートと企業価値

　会社の現在の財政状態は，会社の財産（資産）と借金（負債）を対置させ，その差額を純資産（資本）とするバランスシートで表されます。会社に投資する人々のうち，債権者はこの負債の額によって，また株主はこの資本の額によって，それぞれの請求権の価値を知ることになっています。会社の保有する資産の価値が，それら請求権の価値を裏づけているというわけです。会社の経営者があなたの投資の価値についてそのように説明したら，あなたはどこまでそれを信じ，またどんなことに疑問を感じますか。

[1-3] 株主持分の簿価と時価

　債務超過の会社を考えます。負債が資産を超過している状態ですが，それでもただちに倒産というわけではなく，上場会社でも当面はその株式が証券市場で取引され続けます。株主持分はマイナスなのに，市場ではプラスの値がつけられているのです。

そもそもこれは会計がおかしいのか，現実が間違っているのか，という質問があったとして，この一見したところ矛盾してみえる状態を，あなたはどのように説明しますか。その説明は，上記の設問 [1-2] に対するあなたの回答にどのような影響を与えますか。

[1-4] 利益情報と企業価値

企業の価値は，将来に期待される営業利益を資本コストで割り引いた事業の現在価値と，余資を運用している金融資産の市場価格を加えたものに理論上はなるでしょう。となると，投資家の企業評価に役立つことを目的とした会計の利益情報に，営業外の金融取引の損益を含めているのは意味がないようにも思えますがどうですか。利益は営業利益までにして，営業外の部分は損益を開示するまでもなく，それを生み出すストックの時価（市場の評価）がわかればよいということにはならないでしょうか。

[1-5] キャッシュフロー計算書

大学の会計学の授業で，ゲスト・スピーカーとして招かれた会社の社長が，株主の評価が高い会社とは？という学生の質問に，「現金をたくさん稼いで，それを有効に使っている会社」と答えました。それに対して学生からは，「それなら投資情報としていちばん大事なのはキャッシュフロー計算書ですね。この授業はバランスシートや損益計算書の話ばかりですが，少しピントがずれていないですか」という問いが出されました。

即答しかかった社長さんを制して，先生は「よい質問ですね。誰か僕らに代わって答えてくれませんか」と学生たちに発言を促しました。あなたの考えを聞かせてください。

[1-6] 現在までの情報と将来の予測

会計情報というのは予測を含むこともありますが，基本的には

現在までの事実や実績を開示するものでしかありません。それにもかかわらずこの情報は，投資家が企業の将来を予測するのに役立つことを期待されています。予測のリスクを自己責任で彼らが負うのといわば引き換えに開示される投資情報が，投資を判断するときまでの事実に限られる点は気になりませんか。個人は過去の履歴や成績でしばしば将来を判断されますが，企業でもそれは同じでしょうか。経営者による予測や企業価値評価は，この問題の解決に寄与するでしょうか。それともノイズになるだけでしょうか。

[1-7] 会計基準や監査制度の役割

　経営者がもっているはずの情報を隠せば，企業のリスクは高く見積られて資金調達のコストが上がりますから，投資家に必要な会社情報は，制度で強制されなくてもかなりの程度まで開示されそうな気もします。となると，ディスクロージャー制度やそれを支える会計基準には，どのような意味があると考えたらよいのでしょうか。

　また，開示される会計情報には，開示企業から独立した職業的専門家である公認会計士の監査が要求されていますが，有用な情報を自発的に開示しようとする誘因が企業の側にあるとしたら，これにかけるコストはなんのためでしょうか。会計士の監査は，コストにみあった役割を果たしていると思いますか。あなたが会計士を代表する立場にあるとして，経済団体から監査報酬の大幅な引き下げを要求されたらどう反論しますか。

第 **2** 章

企業会計の仕組み

---- Contents

1 複式簿記の仕組み
2 クリーン・サープラス
3 財務諸表の構成要素——資産・負債アプローチ
4 財務諸表の構成要素——収益・費用アプローチ

1 複式簿記の仕組み

第1章では企業の会計情報がどのようなものであり，それが誰によってどう使われるのかを学びました。この後の各章では，その情報がどんな仕組みとルールに基づいて作られるのかを勉強していきます。まず本章では，企業会計に特有とみられる情報処理の形式的な仕組みの話から始めます。企業会計は**複式簿記**のシステムと不可分に結びついていると，皆さんはよく耳にされるでしょうか。それを聞いた途端に，意欲をなくして会計の勉強をやめてしまう人が多いかもしれません。しかし，その基本的な仕組みは，実にシンプルで整った体系になっています。そこだけを取り出して学べば，知的な刺激の乏しい退屈さに失望しなくてもすむはずです。それは企業会計の根幹をなす概念の相互関係を，一般性の高い次元で理解するのにも役立つと思われます。

Memo 2-1

文豪ゲーテは『ヴィルヘルム・マイスターの修業時代』のなかで，複式簿記を「人類の精神が産んだ最高の発明のひとつ」としながらも，それは計算の形式であって，人生の肝心要な点を大局的にみるものではないという趣旨の台詞を主人公に語らせています。複式簿記は確かによくできた堅牢なシステムですが，大事なのは与えられた形式に個々の事実をあてはめることではなく，その形式が客観世界の認識に与える影響や制約を大局的に理解することです。

企業会計の仕組みを学ぶ準備として，**第1章4節**では，会計情報がどのような形で開示されるのか，そのできあがった姿を，貸借対照表（バランスシート）や損益計算書という主要な財務諸表にそくして大雑把に説明しました。繰り返すまでもないと思いますが，バランスシートは投資のストックを表し，資産を左側に，また負債と純資産を右側に，それぞれ配置して左右を均衡させた残高表でした[1]。資産や負債が増減すれば，それに伴って純資産も増減しますが，その増減は会社所有者（株式会社なら株主）との取引によるものでない限り会社の利益または損失にあたります[2]。会社と会社所有者との取引というのは，株主の出資や株主への配当などが該当し，一般に**資本取引**とか**株主取引**と呼ばれます。それらは会社の利益には影響を与えません。

ここで，フローの要素を集めた損益計算書も同様に左右両欄とし，バランスシート上で留保利益を含む純資産が右側にあったのに合わせて，右側にそれを増やす収益を，左側にそれを減らす費用を配置してみます。左右の不均衡分は，正味の利益または損失にあたります。他方，期末のバランスシートでも純資産だけ期首の値に入れ替えると，資本取引がなければ損益計算

---

1) 左と右でなく上から下に続けて並べるのが法令上の標準様式ですが，わかりやすくするため，**第1章**に示したような左右を対照させる方式で説明します。なお，本書では，特に必要がある場合を除き，貸借対照表といわずにバランスシートということにします。そのほうが広い範囲に定着していて，日常言語に近いとみられるからです。損益計算書は日本語のほうが定着しているのでそれを使います。
2) 次節以下で述べる包括利益（包括損失）と純利益（純損失）との違いは，この段階では考えません。とりあえず両者は同じものと想定しておきます。

図表 2-1　バランスシートと損益計算書

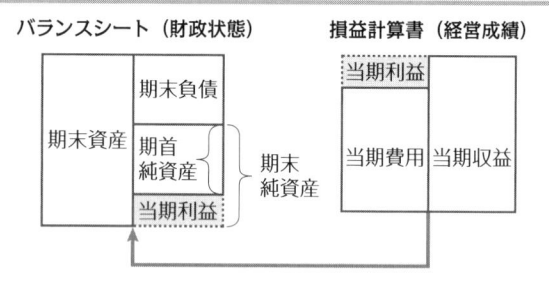

```
バランスシート（財政状態）           損益計算書（経営成績）

           │  期末負債  │              ┌当期利益─┐
           │            │              ├─────┤
  期末資産  ├──────┤               │        │
           │  期首      │ 期末         │ 当期費用│ 当期収益
           │  純資産   ├ 純資産        │        │
           ├──────┤               │        │
           │  当期利益  │              └─────┘
```

> 当期利益の部分を埋めないまま縦に並べると
> 段差が嚙み合って左右が均衡した表になる

書と同じ利益または損失が，左右の不均衡分として，しかも左右反対に現れます。そしてこの2つの計算書を縦につなげると，期末のストックと期中のフローがすべて網羅され，それぞれの総和が左右同額となって均衡する一覧表が得られます（図表2-1）。そこでは2つの計算書で左右対称に出ていた不均衡分が，合算により埋め合わされて左右が均衡する結果になります。この**左右均衡**が会計の形式を決めているのです。

Memo 2-2

　資産や負債と収益や費用（それに純資産）では，会社ないし株主の富や利益を増やすものと減らすものが左右反対になっていますが，それは前者の勘定（実在勘定とか実物勘定と呼ばれます）が財のストックやフローをとらえているのに対して，後者の勘定（名目勘定）がその事実をいわば鏡に映して見ているからです。自分は右手を動かしているのに，鏡に映った像では左手が動いているのと同じですね。このように実像（といっておきます[3]）と鏡像をセットにすることで，複式簿記は左右

---

[3]　とりあえず実像といっておきますが，本章末尾の **Memo 2-8** を参

が均衡する体系を完結させているのです。

　こうした資産，負債，純資産（資本）の増減と残高，それに収益，費用，および利益の増減は，左右両欄をもった**勘定**（アカウント）にそれぞれ記録されます。資産は増加分を左側，減少分を右側，したがって残高は左側に，また負債はそれと反対にという具合です[4]。純資産は資産と負債の正味を左右反対にして（上記の **Memo 2-2**），増加分が右側，減少分が左側です。収益の増加は資産の増加か負債の減少を伴うので反対の右側，費用の増加は資産の減少か負債の増加を伴うので左側に来ます。これらを対価の関係にあるひと組のフロー（**取引**）ごとに記録するのですが，それを指示するプログラムを特に**仕訳**と呼び，上記いずれかの要素とその金額を斜線で区切った左右両側に並べる形式で表記します。取引の説明に後の章で使うこともありますので，覚えておいてください。

Memo 2-3

　念のため，取引の仕訳とそれに基づく勘定のデータ，および結果としてのバランスシートと損益計算書を，ごく簡単な例で示しておきます（金額単位は省略）。

(1) 出資1,000で会社設立：　　現　金　1,000　／　資　本　1,000
(2) 銀行から500を借り入れ：　現　金　　500　／　借入金　　500
(3) 商品600を現金で仕入れ：　商　品　　600　／　現　金　　600
(4) 商品300を450で掛売り：　売掛金　　450　／　収　益　　450
　　　　　　　　　　　　　　　費　用　　300　／　商　品　　300

　照してください。
4) 勘定の左側は借方，右側は貸方と呼ばれます。上述した左右の均衡は**貸借均衡**と呼ばれます。単なる慣行で別に意味はありません。貸付金が借方，借入金が貸方になるなど，紛らわしい表現でもあります。

(5) 売掛金のうち400を回収： 現　金　400 ／ 売掛金　400
なお，上記の(4)はまとめて： 売掛金　450 ／ 商　品　300
　　　　　　　　　　　　　　　　　　　　　　　／ 利　益　150

としてもよいのですが，ネットの利益ではなく，グロスの収益と費用のデータを導くために，これを2つの取引に分解しています。

商　品			現　金			資　本	
(3) 600	(4) 300		(1) 1,000	(3) 600			(1) 1,000
売掛金			(2) 500			借入金	
(4) 450	(5) 400		(5) 400				(2) 500
費　用						収　益	
(4) 300							(4) 450

バランスシート				損益計算書			
現　金	1,300	借入金	500	費　用	300	収　益	450
売掛金	50	資　本	1,000	利　益	150		
商　品	300	留保利益	150				

　バランスシートと損益計算書の左右反対側に，同じ利益150が計上されることを確認してください。ただし，バランスシートにはストック（残高）の要素しかありませんので，留保利益の残高（ここでは期首残高がゼロ）に加算されます。

2 クリーン・サープラス

　上述した左右均衡の形式的な特徴は，**クリーン・サープラス関係**と呼ばれる企業会計に特有の制約式と不可分に結びついています。これは，資産と負債，それに差額の純資産をもって財政状態を表すバランスシートと，収益と費用の差額である利益により経営成績をとらえる損益計算書との間に要請される，

期末純資産＝期首純資産＋当期利益－配当

というごく単純な関係です。純資産を資本と言い換えたほうが，直感的にはわかりやすいかもしれません。自社株買いは配当に含め，株主の出資は負の配当と考えます。株主との資本取引はすべてここに含めるのです。配当（資本取引）の項がなければ，

期末純資産－期首純資産＝当期利益

です。この関係により，バランスシートと損益計算書のどちらか一方が決まると，他方がそれに制約される結果になるわけです。

あらためて図表2-1に戻りましょう。バランスシートと損益計算書を縦に並べて合わせた一覧表をみてください。左右の均衡を前提にすると，この表の要素（資産，負債，純資産，それに収益，費用）のどれか1つが動けば，同じ要素の反対方向の動きで相殺されない限り，それが必ず他の要素を動かすことがわかると思います。さらに，バランスシートに生じた変化がバランスシートの内部で吸収されない限り，それが必ず損益計算書の変化を引き起こすことも，反対に，損益計算書に生じた変化が損益計算書の内部で吸収されない限り，それが必ずバランスシートの変化を引き起こすこともわかるでしょう。このようにバランスシート上の財政状態と損益計算書上の経営成績とが，独立ではなく依存し合っているというクリーン・サープラス関係をこの表は示しているのです。

たとえば，資本取引によらずにある資産が増えたとします。このとき，その増加が別の資産（場合によっては同じ資産）の減少，あるいは負債の増加のいずれか一方，または双方の組合せ

で相殺されれば、その影響はバランスシートにとどまって損益計算書には及びません。結果として利益には影響がありません。資本取引のケースなら、この資産の増分は純資産の増分で相殺されてしまいます。それに対して正味の資産増加が吸収されずに残ったときは、その分がバランスシートを越えて損益計算書に影響し、収益の増加か費用の減少によって利益を増やすことになるわけです。それと同様、先に損益計算書で収益の増加が認識され、他の収益の減少や費用の増加で相殺されないときは、その分がバランスシートに影響して資産の増加か負債の減少を引き起こします。

簡単な数値例で確かめましょう。**第1章**（図表1-1）に掲げた企業の数値例に加えて、第1期末における設備（取得原価160から減価償却分を引いて簿価は80でした）の時価が85だったとしてみます。このときのバランスシート（B/Sと表記）と損益計算書（P/Lと表記）は、設備を償却後の**原価**で評価すれば図表2-2(a)のようになりますが、設備を**時価**で評価替えしたときは、それに伴う5の**評価差額**がバランスシート上では純資産を、損益計算書上では利益をそれぞれ増やして図表2-2(b)のようになります。純資産の増加に伴って利益が生じたのか、利益の稼得に伴って純資産が増えたのか、同じことの両面のようにもみえますが、どちらの観点をとるかで、資産をどう評価（測定）するのか[5]、評価差額が生じたらそれを利益として認

---

5) 本書では「評価」と「測定」が、ときには区別され、ときには同じ意味で使われます。企業価値の評価は測定とはいいませんが、企業の資産や負債については、一般に評価が使われる法律の話を除き、評価と測定をその場の便宜で使い分けます。原価評価、時価評価、あるいは評価替え、評価益など、慣行で通常は測定といわない用語のほか、測定といっても支障はない場合でもあえて評価と書くことがあります

図表2-2　数値例：第1期の結果

(a) 評価替えをしない場合

期首 B/S			期末 B/S			P/L		
現　金	0	負　債　　0	現　金	100	負　債　　0	支出費用	200	収　益　300
設　備	160	純資産　160	設　備	80	純資産　180	減価償却	80	
						利　益	20	

(b) 評価替えをする場合

期首 B/S			期末 B/S			P/L		
現　金	0	負　債　　0	現　金	100	負　債　　0	支出費用	200	収　益　300
設　備	160	純資産　160	設　備	85	純資産　185	減価償却	80	評価益　5
						利　益	25	

識するのかが影響されることになるのです。

　そのため，バランスシート上の資産や負債のストックと，損益計算書上の収益や費用のフローとの間で，どちらを先に決めるのかは昔から会計上の大きな争点とされてきました。最近では前者を優先する立場を**資産・負債アプローチ**，後者を優先する立場を**収益・費用アプローチ**などと呼んでいますが[6]，上述のように一方を決めれば他方がそれに影響されるとなると，どちらを先行させるかは，左右均衡などという単なる形式上の制約を超えた，企業会計の根幹にもかかわる実質問題といわなければなりません。一般には，観察可能な概念である資産や負債の側から，抽象的な利益や収益・費用を定義するのが順序であり，その逆は難しいでしょうが，だからといって資産や負債の変動を測定するだけで利用者に必要な利益情報が得られるわけでは

　　が，あまり気にせずに読んでいただいてかまいません。
　6)　主義とかアプローチといったネーミングは，特定の考え方を強調するために，従前のものをことさら対極に置いていることが多く，必ずしも正確に実態を反映しているわけではありません。

なさそうです。

> **Memo 2-4**
>
> 　ちなみに資産・負債アプローチは，資産と負債を網羅したバランスシートを利益の情報より重要とみる立場ではありません。バランスシートのどの要素にも，企業価値を直接に代理する能力はないのです。個々の資産と負債を仮に時価ないしその推定値で評価したところで，総資産と企業価値[7]の間，あるいは純資産と持分価値の間には，のれん（自己創設のれん）にあたる簿外（オフバランス）の価値だけ開きがあります。そしてその開きは，会社の資産や負債の変化と関係なく変動することが多いのです。
>
> 　たとえば，保有する本社ビルの時価が上がっても，会社の業績が悪ければのれん価値は下がって，株価は下がるかもしれません。企業価値や持分価値を評価するには，このオフバランスの価値を評価しなければならないのですが，そのための情報として資産や負債が利益より重要ということはありません。争点はむしろ利益をどのように認識・測定するかであり，資産・負債アプローチはそれを収益・費用からではなく，資産・負債の変動から出発してとらえる立場と考えたほうがよいでしょう。

　第1章で，投資というのは将来の不確かなキャッシュと交換に現在の確かなキャッシュをリスクにさらすことだといいました。そしてバランスシートは，このリスクにさらされているキャッシュの，いわば調達源泉と運用形態を対照させたものだと述べました。そこで投資されているキャッシュは，運用形態である保有資産を取得したときの実際に支出した額（取得原価）

---

7) ここで企業価値というのは，負債と株主持分の投資家からみた価値（時価）の合計であり，その額で測った総資産の価値でもあります。

とされたり，あるいは資産を換金すれば得られる現在の時価とみられたりするでしょう。前者なら資産が値上がりしても保有が続く限り評価は変わらず，バランスシートにも損益計算書にも影響は生じません。他方，後者なら値上がり分だけ資産が切り上げられるとともに，損益計算書に同額の収益が計上され，それに伴う利益が留保されて調達源泉の純資産を増やすことになります。

このようにバランスシートを先に決めれば，それに基づいて利益の大きさが決まります。それに対して損益計算書のほうを優先させたうえ，保有資産の値上がり分を収益の要素とみなければ，バランスシート上では，その資産を取得原価のままにしておけばよいということになります。反対にそれを収益（利益）の要素とみなせば，その資産を時価で評価替えしなければなりません。要するに，資産が値上がりしていれば価値も上がり利益が生じているとみるか，値上がりしていても利益が生じていなければ資産の価値は増えていないとみるかです。資産の評価と利益の測定のどちらか一方が，他方のあり方を決めてしまうのです。しかし両方の観点を，左右均衡の形式とクリーン・サープラスの制約のもとで両立させる工夫がなかったわけではありません。

それは利益の「勘定」を，資産や負債の評価替えに伴う純資産の変動をそのまま含める包括利益と，評価差額がキャッシュフローとして実現するのを待って認識する純利益との二層構造にするやり方です。両者の差は純利益でない包括利益（その他の包括利益：OCI）として繰り越されたうえ，その後の評価替えで増減しながら，その実現を待って純利益に振り替えられます。この振り替えは，OCIの**リサイクリング**とか**再分類**と呼ばれ

図表 2-3　包括利益と純利益

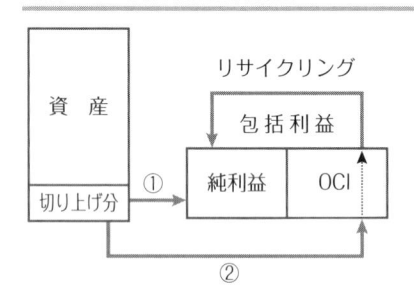

```
            リサイクリング
 ┌─────┐    ┌────────┐
 │ 資 産 │    │ 包括利益 │
 └─────┘  ①┌┴──┬───┐
  切り上げ分→│純利益│ OCI │
           └───┴───┘
                  ②
```

評価替え後の設備残高は第2期に全額償却
①は時価の変動分をその期の純利益に反映
②は OCI を経由して実現した期に純利益へ

OCI とリサイクリング

第 1 期 P/L

支出費用	200	収　　益	300
減価償却	80		
純利益	20		
OCI(フロー)	5	評 価 益	5

[このOCIを純資産残高に振替]

第 2 期 P/L

支出費用	200	収　　益	300
減価償却	85	OCI(再分類)	5
純利益	20		

[実現したOCI残高を純利益へ]

ています。これによって，資産・負債の価値変動を確定したキャッシュフローとみなせれば評価差額を純利益に分類し，そうでないときは OCI として繰り越したうえ，キャッシュになるのを待って純利益へ再分類することが可能になりました。2通りの利益認識をどう使い分けるかは後にして，とりあえずこの仕組みを理解してください（図表2-3）。

Memo 2-5

　この包括利益と純利益を並存させる工夫は，財政状態の開示と経営成績の測定とが形式上は連動しながらも実質上は両立する保証がなく，両者のうちの一方だけが強調される会計基準の動向によって会計情報の価値が失われることへの広範な懸念から生じたものといえそうです。純資産の変動分として機械的に定まる包括利益という「箪笥(たんす)」に，純利益と OCI という2つの「引き出し」を設け，通期では一致する包括利益と純利益を期間帰属の違いで振り分けることにより，それは前述した資産・負債アプローチと収益・費用アプローチの不毛な二項対立

を回避しています。箪笥に入れるものは同じでも，引き出しへの収納や隣の引き出しへの移し替えは別問題だということでしょう。

3 財務諸表の構成要素——資産・負債アプローチ

さて，企業会計というシステムの形式的な仕組みについてごく基本的な理解が得られたところで，今度はそのシステムを構成する基本要素について，少し立ち入って内容をみていきましょう。具体的にはバランスシートの要素である資産，負債，純資産，および損益計算書の要素である収益，費用，それに利益といった諸概念です。**財務諸表の構成要素**ともいうべきこれらの概念について，最近では**概念フレームワーク**と呼ばれる文書で定義をしたうえ，そこから会計基準を導出する形をとるのが世界共通のスタイルになっています。本当にフレームワークから会計基準が演繹されるかどうかは別として，少なくとも概念の説明では，日本基準を含めて世界の主要な基準の根拠とされているそれぞれのフレームワークを，ここでもなるべく参考にしながら話を進めます。

Memo 2-6
概念フレームワークというのは耳慣れない用語かと思いますが，要するに会計基準設定の指針となる基本概念をまとめた文書です。断片的になりがちな会計基準に体系性を与える目的で，米国の基準設定主体である財務会計基準審議会（FASB）が

> 1970年代から取り組み，財務報告の目的，会計情報の質的特性，財務諸表の構成要素，財務諸表における認識と測定などについて一連の成果が公表されました。そうした概念書に依拠する基準開発の方式は他の基準設定主体にも採用され，国際会計基準審議会（IASB）もそれに倣っています。日本の企業会計基準委員会（ASBJ）も，概念フレームワークの討議資料を公表しています。

　これらの基本概念は，上述した形式的な仕組みによって互いに関係づけられているため，どれを先に定義するかによって他が影響されるのですが，とりあえず具体的なモノや法律上の権利・義務など，存在を実感しやすいものが多くを占める資産や負債から説明を始めます。資産と負債が決まれば両者の差額である純資産が決まり，1期間中における純資産の変動から資本取引による部分を除けば，それに基づいてその期の利益が決まるという順序にするということです。もちろん，前節でみたように，それだけで利益が決まるとは限りませんが，出発点は資産・負債アプローチに従っておきます。順序を反対にして収益や費用という抽象的な概念から出発すると，その制約を受ける資産や負債のなかに実在性・具体性のないものが入り込む可能性があるからです。

　そこで，まず**資産**です。直感的には，財務諸表を作成する企業ないし企業集団（会計上はしばしば**エンティティー**と表現される財務報告の主体）がもっている財産と考えて大きな間違いはないのですが，なかには「財産」というには法律的な要件を欠いたものも含まれます。現金や預金，有価証券，売掛金や貸付金などの債権，商品や製品などの在庫品，設備や構築物，建物や土地，あるいは著作権や特許権といったものは，法律上の財産

でもあり会計上の資産でもありますが，たとえば請負工事を途中まで仕上げた分の契約対価など，請求権としてまだ確定していないものでも，会計上は資産となることがないわけではありません。そのほか賃金の前払い分や進行途中の研究開発投資など，日常言語で財産といえるか疑わしくても資産となるものがありえます。

　他方，企業ないし企業集団が「もっている」というのも，法律的な意味で所有権をもつケースがわかりやすいのですが，たとえばファイナンス・リース契約のように，所有権はないのに自社のものと同様に使う資産もあります。銀行からの借金で設備を購入し元利を返済する代わりに，リース会社に購入させてそれを借り続け，代金と金利をリース料として支払う場合です。所有権はリース会社にありますが，会計上，この設備は借りている側の資産とされています。また，反対に所有権がありながら，資産の保有に伴うリスクを負わず成果を享受しない場合もありえます。リースでいえば，貸し手は所有権を保持していても，その設備を使った事業の成果には権利がありません。リース会社からみれば設備は自社の資産といえず，リース料の請求権が資産になるというわけです。

　次に**負債**です。これも直感的には銀行ローンとか社債発行による借り入れなど，通常の借金を想定すればよいのですが，企業会計でいう負債には，返済を要する額や期限，それに金利などが約定された法的債務だけでなく，それらの一部または全部が確定していないものも含まれます。たとえば，将来の従業員退職給付を見込んで，現時点の未確定債務を認識する引当金とか，過去に販売した自社製品などが原因になって損害賠償請求を受ける可能性のような，将来の不確定事象にかかわる偶発的

な支出の義務をあらかじめ認識する非金融負債などが代表例です（**第6章**で説明します）。これらは，義務があるのは確かでもその金額や履行の時期が不確定だとか，あるいはそもそも義務が生ずるかどうかも不確定という，法的にはまだ借金といえそうにない負債です。

このように，企業会計上の資産や負債は，法的な意味での財産や債務と重なりながらも，それらの一部を含まなかったり，あるいはそれらに含まれない要素を含んだりする概念です。企業価値を評価するうえで，法的な要件を満たしていなくてもそれに影響するものは含め，逆に満たしていてもそれに影響しないものは除く，経済的な**実質優先**の考えによるものとみられます。設備のリースでいえば，借り手側ではその使い方が収益性に影響するから所有権はなくても資産に含め，貸し手側はそれに影響されないから所有権があっても資産に含めないというわけです。そのため，資産を報告企業が**支配**している**経済的資源**としたうえで，負債はその資源を放棄もしくは引き渡す義務とする定義上の工夫がなされてきました。支配という言葉で，報告企業への実質的な帰属を表すのです。

Memo 2-7

正確にいうと，たとえば日本の基準設定主体である企業会計基準委員会（ASBJ）の討議資料「財務会計の概念フレームワーク」では，「資産とは，過去の取引または事象の結果として，報告主体が支配している経済的資源」，また「負債とは，過去の取引または事象の結果として，報告主体が支配している経済的資源を放棄もしくは引き渡す義務，またはその同等物」と定義されています。いろいろなケースに備えて注意深く定義されていますので，はじめのうちは，あまり正確さにこだわらない

ほうがよいと思います。

　上記の資産から負債を引いた分が**純資産**，つまりその企業の正味の身代です。企業会計では**資本**と呼ばれてきたもので，企業所有者（株式会社であれば株主）の持分を表します。経済学で資本というと，土地および労働と並ぶ生産要素のひとつであり，一般には工場や設備（あるいは原材料など）のような生産手段にあたる実物資産のストックを意味しますが，会計の勉強をするときは資産と負債の差額という，ごく抽象的な大きさを示すものと思ってください[8]。これは，企業所有者が拠出した分（**拠出資本**）と，利益が分配されないまま企業内にとどめられ，再投資されている分（**留保利益**）とに大別することができます。ただし，純利益に加えてその他の包括利益（OCI）を開示しているときは，前者の累積額が留保利益とされ，後者の残高は **OCI 累計額**として区別されます。

　純資産が決まると，今度はその変動分に基づいて利益が測られます。前に述べたように，企業所有者との資本取引による分を除いた純資産の期中変動が，その期の利益（包括利益）です。しかし，純資産の変動から機械的に導かれる包括利益には，定義上，期首と期末の純資産情報がもつ以上の追加的**情報価値**はありません。純資産の額が直接には株式価値を代理しない以上（**Memo 2-4**），包括利益もその変動を代理せず，そのままでは企業の評価に役立たないのです。この問題は，なにを資産や負債とみるかだけでなく，それぞれをどう測定・評価するかに

---

[8] バランスシートでいえば，左側ではなく右側の，しかも負債を除いた残りの概念です。

もかかわってきますが,それらが企業評価に役立つ利益の測定という観点から決められていない限り,包括利益には投資情報としての有用性を期待できません。前述の純利益は,それを有用な情報に加工する試みの成果でもあります。

そこでどのような加工が必要になるかはおくとして,利益は純資産という資産・負債の正味の変動に対応する概念でした。しかし,正味の値だけをみていたのでは営業の規模がわかりません。利益にはプラスとマイナスの要素があって,純額でなく総額をとらえないと結果の評価は困難です。そのため,純利益のプラスの要素を**収益**,マイナスの要素を**費用**と呼び,資産や負債の変動がもたらす純資産変動のうち,純利益の増減となるものを選んでそれぞれに結びつけることが必要です。仮に商品を販売して売上債権を取得したら,債権の増分に基づいて収益を,商品の流出に基づいて費用をそれぞれ認識し,結果として正味が純利益に含められるようにするわけです。純利益に影響しない資産や負債の変動は前述のOCIとされ,その累積残高に加減して繰り越されます。

4 財務諸表の構成要素──収益・費用アプローチ

前節では資産と負債から出発し,得られた純資産の変動によって利益をとらえるという資産・負債アプローチに従って会計システムの基本要素を説明しました。しかし,それを利益の概念まで貫徹させたときは,企業会計の形式的な仕組みに制約されて,包括利益という,投資情報としてはあまり意味のない利益しか出てきません。これはバランスシートと損益計算書をつ

なぐ，いわば帳尻合わせの要素であって，企業価値の評価に役立つことは期待できません。そのため，資産と負債の認識や測定は変えずに，結果である包括利益から情報価値のある要素を抜き出して純利益を計算し，残ったその他の要素をOCIとして並存させる体系が工夫されたのです。資産・負債は利益に優先して決めたうえで，そこから導かれる利益に，情報の有用性という観点から修正を加えるものでした。

そうした工夫は，この半世紀の間に優勢となった資産・負債アプローチに従いながら，その前の半世紀の会計制度を特徴づけた，収益や費用の側から財務諸表の構成要素を決めるという伝統的なアプローチと，ある部分で両立を図った例とみることもできそうです。そこで今度は，前節と逆方向の後者のアプローチに従ったときの結果を確かめておきましょう。資産や負債のように実在性のあるものと違い，収益や費用などの抽象的な概念は，それが指示する対象を直接に観察したり測定したりすることはできません。そこでは資産・負債の認識と測定に先立って収益・費用を決めるにあたり，それらをもたらす財やサービスの流入および流出に，その対価となる現金ないし現金同等物の収入や支出，すなわち広義のキャッシュフローを割り当てる方法がとられました。

いうまでもありませんが，投資プロジェクトの最初から最後までを通算してみれば，その成果は正味のキャッシュフローに一致します。収益は必ず収入に，費用は必ず支出に還元されるのです。利益に影響しない中立的なキャッシュフローがあっても，それは借りたお金を返す取引のように収支が同額となって相殺されるでしょう。しかし，どこかで利益に結びつく収入や支出も，期間を区切ったときには同じ期間の収益や費用と一致

する保証はありません。期間をまたいで結びつくこともあるでしょう。設備を取得した支出を使用期間の費用に割り振る減価償却は**第1章**で学びました。製品の製造に必要な原材料や労賃の支払いも、通常はその製品が販売されるまで費用になりません。航空券を売った代金収入も、実際のフライトまでは収益になりません。

このように、財やサービスのフローと対価のキャッシュフローではタイミングが異なります。収益と費用を前者にそくしてとらえるのを**発生主義**、後者にそくしてとらえるのを**現金主義**と呼びますが、企業会計では発生主義の観点から財やサービスのフローを基準としてキャッシュフローが**期間配分**されています。財やサービスを消費したり流出させたりしたときに費用の発生が認識され、取得の対価として支出した額を、発生した期間に配分する方法で測定されるのです。収益についても財の引き渡しやサービスの履行に基づいて対価の収入を配分するのですが、投資の成果は不確かな収入期待が確かな収入（現金とは限らない）に変わらなければ生じないという**第1章**の原則から、通常はキャッシュフローを待って認識されることになります（**第3章**で詳しく説明します）。

収益や費用の認識・測定が、財やサービスのフローとその対価であるキャッシュフローとを、それぞれが発生するタイミングの差異を超えて結びつけるものだとすると、同じ期間に両方のフローが生じたときはよいのですが、一方だけしか生じなかったときは、後の期間に出てくる他方のフローと結びつける特別な工夫が必要になります。財やサービスの消費によって費用を認識し、それに対価の支出を割り振った場合でいうと、支出したが消費（費用）はまだの分と、消費したが支出はまだの分

4 財務諸表の構成要素 | 57

とを繰り越し，後の期間の消費と支出に連絡することが必要になるのです。そのため，前者の支出未費用を資産，後者の費用未支出を負債としてバランスシート上で繰り越したうえ，その後に消費したら資産を取り崩して費用に振り替え，支出したらその分で負債を相殺するわけです。

収益と収入の関係についても，同じように収益未収入を資産，収入未収益を負債として繰り越し，次期以降の収入や収益につなぎます。こうした**未解消項目**は，財やサービスのフローを基準にキャッシュフローを各期に配分した利益計算の副産物として，期間ごとの利益計算を連絡する役割を果たすのです。そこでは，費用と支出，収益と収入の間だけでなく，収入と支出の間（さらには収益と費用の間）も含めたいわば発生のタイミングの違いによって，資産や負債の認識と測定が決められるわけです。しかし，それだと資産や負債の評価は取引に伴うキャッシュフローに依存し，保有している間の価値の変動は認識されません。そのため，評価替えが必要ならそれを認め，評価差額は収益や費用（したがって純利益）から除くというのが，収益・費用アプローチからみたOCIの理解でしょう。

要するに，資産・負債アプローチや収益・費用アプローチといっても，片方だけで会計の基準や実務ができているわけではありません。資産・負債と収益・費用が連動する仕組みのもとで，それぞれが違った情報ニーズから開示を求められるような場合，一方の観点で認識・測定を統一すれば，他方に不合理な結果が生ずるのは当然です。しかし，どちらかを修正して2つの立場の両立を図っても，財務諸表の構成要素は当初に選んだ観点に制約され，純利益とOCIの関係に違いが残ります。収益・費用の観点からすれば，純利益にノイズとしてのOCIを

加えたのが包括利益ですが、資産・負債の観点からすれば包括利益に条件を追加して得られる派生概念が純利益なのでしょう。資産・負債だけで決めたはずの利益にさらに条件を補うことが、この観点では一貫して障害になってきました。

　加えて、資産・負債の変動から機械的に導かれる包括利益を、情報価値の観点から純利益とその他の要素（OCI）とに分割する場合でも、純利益の概念は資産・負債アプローチからは出てきません。おそらく収益・費用アプローチのもとでの利益概念を基本にするしかないでしょう。そして、それに付随するのはOCIの事後処理です。つまり、それを生み出した資産や負債がバランスシートから除かれるとき、役目が終わった累積残高をどこへ移すのか、純利益へのリサイクリングか、留保利益への振り替えかという問題です（**第1章の数値例に基づく図表2-3**を参照）。前述のように包括利益も純利益も、期間を通算すれば正味のキャッシュフローに一致するはずですから、本来はリサイクルさせないとおかしなことになりますが、それだとますます純利益が「目立つ」らしいのです。

Memo 2-8

　国際会計基準審議会（IASB）が、利益を包括利益だけに一本化するため「禁止する」とまでいっていた純利益を容認した後も、依然として純利益を定義しない方針をとって、OCIのリサイクリングにも制限の余地を残しているのは、従前からのステレオタイプのような資産・負債アプローチを、いまだに克服できていないからというべきかもしれません。純利益の並行開示を認めた段階で資産・負債アプローチを修正しているはずですが、原理や原則も固定観念のようになると、実際には修正が難しいということでしょう。

なお，複式簿記の仕組みを説明した折，資本や利益（収益・費用）の勘定は，資産や負債の動きを鏡に映すような役目を担うといいました（**Memo 2-2**）。その比喩に従えば，収益・費用の認識が資産・負債に影響するのは，鏡像が実像を動かすように聞こえるかもしれませんが，資産や負債の勘定も事実をとらえた一種の鏡像にすぎません。収益や費用，あるいは資本の勘定は，それを映した別次元の鏡像なのです。企業会計は，資産や負債の諸勘定と資本や利益の諸勘定という，いわば2枚の合わせ鏡で企業の事実を映し出しているのです。

Discussion

[2-1] 単式簿記と複式簿記

　国や地方自治体の会計制度は，多くが収支を記録するだけの，いわば単式簿記の仕組みによっています。だいぶ前になりますが，当時の東京都知事が都の会計制度に複式簿記を取り入れるべきだと主張していました。それによりどこがどう違ってくるのか，その違いにどのような意味があるのか，あなたが意見を求められたらどう答えますか。

[2-2] 簿記の知識と会計の学習

　米国のビジネス・スクールに留学し，MBA（経営学修士）の学位を取得して会社に戻った先輩から，こんな話を聞きました。
　「あちらでは簿記の授業っていうのはないんだよね。俺の行った大学だけじゃないと思うけど。学部にもそれらしいクラスはなかったし，そもそも勉強してきた分野はいろいろで，理工系の人もたくさんいる。それでもビジネス・スクールに入ると，会計のクラスでは最初から会社の財務諸表を使ったケースを皆で討論する。予習も半端じゃないが，それでなんとかやっているから立派。俺は簿記も勉強していたから，彼らがどれくらい困ったかはわからない」
　簿記という会計の仕組み（ハードウェア）と，それに目的を与えて動かす概念（ソフトウェア）の，どちらから入るかということかもしれません。どう思いますか。

[2-3] 資産と費用の関係

　不動産会社が借り入れた資金でマンションを建設したものの，急激に市況が冷え込んで多くが売れ残ったとします。売れ残った資産のコストは，もはや回収不能と判断されない限り将来に繰り

越されますが，金利負担はそのまま当期の費用となり，それが当期の営業利益を上回れば赤字になってしまいます。これを回避するには，金利費用もマンションの建設コストと合わせて資産の原価に含めればよいと気づいた人がいたとします。すぐには理屈が呑み込めない上役に代わって，その会計方法が現在および将来の利益と財政状態にどのような影響を与えるかを解説してください。

[2-4] 架空資産と費用配分

ある会社の所得隠しを疑って内偵を続けていた国税査察官（マル査）が，架空仕入れの情報をつかんで裁判所に捜査令状を請求したところ，出てきた真面目な裁判官が「待ってください。架空の仕入れを計上していれば財産が水増しされて，むしろ所得は実際よりも増えてしまいませんか。脱税どころか，あえて余分に税金を納める結果になるように思うのですが…」という悠長なコメントをしたとしましょう。

この裁判官を説得するには，企業会計の仕組みをどう説明したらよいでしょうか。順序として，まず架空仕入れをしても所得が増えるということはない点を納得させ，そのうえで脱税になる可能性（シナリオ）を説明してください。

[2-5] 資産の評価と評価益

会社の資産のなかに，値上がりしていても，それだけではまだ投資の成果が得られたといえないものがあったらどうしますか。資産の価値を正しく伝えるためにバランスシート上での評価替えを優先し，結果として利益に異質な要素が混ざり合っても仕方ないと思いますか。反対に利益を正しく測るには，成果といえない値上がりは無視し，資産の評価が現在の価値と違ってもやむなしと考えますか。資産も利益もどちらの情報も犠牲にしないよう，利益を2つの部分に分けるやり方は，本当に問題の解決になっていますか。ほかによい方法はないでしょうか。あらためて検討し

てください。

[2-6] 資産・負債アプローチと 収益・費用アプローチ

ゼミの時間，A君が説明した資産・負債アプローチについて，Bさんとのやりとりです。

Bさん「資産と負債を時価で評価するのは，会社を清算したら株主にいくらお金が残るかということですか。それを知って株主なり投資家なりはどうするのですか」

A君「清算しないで続けたときの継続企業価値と比べて，株の売買を判断するのでしょう」

Bさん「継続企業価値によるバランスシートをもう1枚作るのですか。その価値はどこでわかるのですか」

A君「いや，継続企業価値というのはすべての資産や負債をまとめて評価したもの，その結果を個々の資産・負債に割り振ったバランスシートなど意味がない。それはめいめいが自分で評価するしかないですね。そのために損益計算書がある」

Bさん「損益計算書の情報を基にして，継続企業価値を評価するということですか。それは先ほど資産・負債アプローチの反対といわれた収益・費用アプローチではないのですか。正反対といっているものを，どうして併用できるのですか」

A君「僕もそこはよくわかりませんでした。気楽に2つのアプローチを対比していますが，どこに本当の対立軸があるのか，本当に対立的な関係なのか，確かに問題です」

このやりとりを聞いて，もう少し先まで議論を発展させてみませんか。

第 **3** 章

資本と利益の情報

---- Contents

1 会計上の資本と利益
2 資産の認識と測定
3 利益の認識と測定——事業投資と金融投資
4 純利益と包括利益

1 会計上の資本と利益

第2章では,財務諸表(特にバランスシートと損益計算書)の主要な構成要素間の関係によって企業会計の基本的な仕組みを説明しました。それを受けて本章では,その仕組みを形成する要素の認識と測定という話に進みます。ここで**認識**という,なんともいかめしい用語は,それらの要素を財務諸表に計上することを意味します[1]。**測定**とは認識された個々の要素に数値を割り当てる操作ですが,数値といっても使われるのは貨幣額(金額)です。資本も利益も貨幣額で測るほかはない量的概念であり,資産や負債,あるいは収益や費用も,足したり引いたりするだけで資本や利益に統合(凝縮)できるよう,同じ貨幣単位で測られているのです。基のデータの意味を失わずに統合する方法はほかにもありうるのでしょうが,会計ではもっとも原始的な加減算が使われます。

上記でいう**資本**は,投資のリスクを負って企業に投下された資金であり,債権者と株主の投下資金を総称することもあれば,債務を弁済した後の,**残余リスク**を負う株主の資金を表すこともあります。前者なら総資産,後者なら負債を引いた純資産が資本に相当しますが,企業会計では一般に純資産にあたる株主の資金を資本と呼んでいます。もちろんその資金は企業に運用

---

1) 財務諸表から除くことは**認識の中止**といいます。ちなみに,財務諸表(特にバランスシート)に計上することを**オンバランス**にする,バランスシートから除くことを**オフバランス**にする,ということがあります。

を委ねられていますから,債権者や株主は投下された資金とその成果に対する請求権をもつにすぎません。こうした企業の(純)資産と,それに対する請求権とが一体として企業資本の概念を決める結果,その測定には保有ないし支配する企業からみた資産や負債の価値合計と,投資する側からみたそれらに対する請求権の価値(株主ならば株価総額)という,2つの違った観点が混在しかねません[2]。

> **Memo 3–1**
>
> この資本の概念は難しく思われるかもしれませんが,資本の構成要素である個々の資産も,それを使う企業によって期待される成果が違い,したがって価値は違いますから,保有する企業からみた資産の価値と,その資産を保有企業と組み合わせた投資家の投資価値とでは,違っても不思議はないですね。皆さんのうちの2人が同じ設備を買ってきて別々に会社を興しても,投資家のつける株価は同じにならないでしょう。
>
> 投資とその成果を測るときには,まず誰の投資なのか,つまり企業の投資なのか投資家の投資なのかを決めなければなりません。同じく資本といっても,資金を個々の資産に投下した企業の資本と,その資金を企業に投下した投資家(株主)の資本とのどちらをみるのかによって,企業の資産ないし純資産残高となったり,投資家の請求権残高(一般には株価総額)となったりするのです。

---

2) 事実,**第1章**でもみたように,企業の経営者は同時にこの2つの観点から企業の資本価値を評価し,企業の投資を決定しています。個々の資産・負債への投資額と比べて予想される成果の価値を最大化するのが,投資家を代理する経営者の基本的な行動規範とされるからです。

このどちらの観点をとるかで，資本の大きさはもちろん，その変動分である利益の額も違ってきます。しかし，株主にとっては株価総額に対する自己のシェアが資本であり，その変動（出資や配当などの資本取引がないとして）が利益であるとしても，それは企業の将来の利益をいわば先取りしたものでしかありません。企業の投資とその成果をとらえる資本や利益の測定値には，投資家が企業の成果を期待して評価する請求権の価値ではなく，そこでの期待形成の基礎となる企業の資産・負債の価値とその変動とが反映されなければなりません。企業が開示するのは企業に生じた現在までの事象であり，その情報を使って将来を予測するのは，請求権の価値を決める投資家の役目です。以下では，この観点から財務諸表の個々の要素について認識と測定のルールを考えていきます。

> **Memo 3-2**
> 　確認のため繰り返します。保有する株式の価値で投下資本をとらえ，その変動分で投資の成果を測るのは株主の利益計算です。それに対して企業の利益は，保有（支配）する資産と負債の額で測った投下資本の変動分にあたる投資の成果です。企業の利益が企業所有者である株主に帰属する以上[3]，それと株主の利益とは年度を通算すれば同じになりますが，株価が将来の企業利益を見込んで形成される分だけ両者のタイミングは違います。
> 　企業会計の役割は，株主の資本や利益ではなく，あくまでも企業の資本や利益をとらえることにあるのです。**第 2 章**でもふれましたが，株価総額に表れた株主の資本価値（持分の価値）と企業資本の測定値（純資産の簿価）との開きは，会計情報には表れない，むしろ会計情報などに基づいて市場が決める外的

---

[3] ここでいう企業利益は，負債利子を支払った後の数値です。

な事象にほかなりません。

2 資産の認識と測定

　そこで，資本と利益のどちらの要素から，つまりバランスシートと損益計算書のどちらの構成要素から始めるかですが，これについては**第2章**でもみたとおり，多くが観察可能で定義もしやすいバランスシートの要素，つまり資産や負債のストックから取りかかるのが便利です。とはいえ，重要なのはストックそのものよりも，利益の測定に結びつくフローの認識や測定とストックとの関係です。バランスシートか損益計算書か，どちらか一方が決まれば，他方がそれに制約されるのは**第2章**でみたとおりです。その理解を深めるために，この章ではまず負債のない世界で資産を中心に認識・測定を検討し，得られた知識を基に次の2つの章で収益や費用との関係をみていくことにします。負債に固有の論点は後から**第6章**で取り上げることにしましょう。

　資産の認識については，**第2章**でみた「過去の取引または事象の結果として，報告主体が支配している経済的資源」という定義（ASBJ 概念フレームワーク討議資料；**Memo 2-7**）だけで，初歩の段階ならばほぼ間に合います。むしろ問題は，支配を喪失した資産の認識をどこで中止するかでしょう。通常の売却や廃棄はよいとして，債権や一部の不動産などを中心に，将来のキャッシュフローを小口の証券に組み替えて投資家に譲渡し，利息や元本あるいは賃貸料などを自ら回収して彼らに支払う仕

組みがよく話題になりますが，その場合は資産からのキャッシュフローを受け取る契約上の権利が消滅するか，あるいは資産を譲渡して譲渡後に支配ないし関与が継続しないと認められるときに，バランスシートから除きます。関与が継続するときは，その範囲で資産の認識を継続します。

そこで認識された資産を測定して価値総額を決めるのが次の課題ですが，すでに述べたように，その価値総額はそれらの資産に対して株主や債権者がもつ請求権の価値総額とは異なる大きさです。請求権の価値総額（報告企業の負債と持分の価値合計：**企業価値**）が識別された諸資産の価値合計を超える分は，**のれん**あるいは特に**自己創設のれん**と呼ばれますが，これはバランスシート上の資産としては認識されません。企業資本の価値を，投資家にとっての請求権の価値ではなく，その企業からみた資産や負債の価値で測る以上，それは自明のことでしょう。何度も繰り返しますが，請求権の価値を評価するのは投資家の役目であり，企業（の経営者）は彼らの評価に必要な情報として，企業の資産や負債のストックと，それを使った成果とを開示するだけです。

Memo 3–3

会計上なぜ自己創設のれんを認識しないのかは，大事なことなのでよく考えてください。数字に客観性がないというだけなら，決算日の株価総額で純資産全体を評価替えして，切り上げた分と同じ額を資産の側に自己創設のれんとして計上すればよいでしょう。しかし，株価がついた後でそれを知らされても，投資情報としてはあまり意味がありません。

ならば，現在の企業価値を経営者が評価して，それと識別された資産総額との差をのれんとして計上するのはどうでしょう

図表3-1　企業資産の測定尺度

	過去	現在	将来
市場における取引価格	取得時の歴史的原価	時価（再調達価格または売却価格）	約定された売買価格や決済価格
取引価格以外の評価額		時価の推定値	

> か。情報優位な側が，わが社の本当の価値はこうですよと投資家に教えるのです。そうした主観的な見積りに信頼性は期待できませんし，その前に経営者がそんなことをして自社株式の売買を勧誘するのは，フェアな情報開示とはいえません。経営者も責任を負えないでしょう。

　では企業会計上，こうした企業資産の価値はどのように測定・評価されるのでしょうか。これにも2つの尺度があります。1つは市場におけるそれらの取引価格，もう1つは報告企業などによるそれらの評価額です。そして，前者についてはどの時点の取引価格を使うのかという選択肢があるでしょう。一般に候補とされてきたのは，①それを取得した過去の時点の取引価格（**歴史的原価**），②現在の時点の取引価格，つまり**時価**（再調達価格または売却価格；当面この2つは同じだとしておきます），および③売買や決済を予定する将来の時点の取引価格です。③は取引価格という以上，取引契約で決められているものを考えてください。他方，市場の取引価格でない評価額は，過去でも未来でもなく，現在の時価の推定値に限られるでしょう（図表3-1）。

ここで時価の推定値というのは，市場の取引価格を利用できないものについて，取引があったとすれば成立したであろう現在の公正な時価を合理的に推定した仮想的な数値です。実際に観察される市場価格（時価）と，市場価格がない場合のこうした時価の推定値とを合わせて，最近では一般に公正価値(フェア・バリュー)と呼んでいます。なぜ「公正」なのかはよくわかりませんが，いずれにしても，それは過去や未来より，もっぱら現在の市場価格かそれを近似するなんらかの数値に焦点を合わせた概念です。近似の手法はさまざまであり，関連する市場の指標や価値評価のモデルを利用できることもあれば，主観的な見積りによらざるをえない場合もあります。その測定・評価にかかわるのは直接には報告企業ですが，それに代わる外部の専門家などであっても差し支えありません。

　さて，問題は，上述した測定・評価の選択肢から，どれを選んで個々の資産に適用するのかです。これまでに説明したところから明らかなように，会計情報は投資家が彼らの請求権の価値（企業の価値）を評価するのに役立つことを期待されていますから，個々の資産価値の測定方法もその目的に合ったものを選択しなければなりません。企業の価値を評価するには，企業資産を2つのグループに大別してそれぞれの価値を測るのが便利です。1つは事業目的に使われている資産，もう1つは事業に拘束されない，いわば余資の運用に充てられている資産です。もちろん，どちらにしても資産の価値はそれが生み出すと予想される将来の成果に依存するのですが，その予想形成における会計情報の役立ちは，2つの資産グループの間で大きく違っているのです。

　事業活動に使われている資産は，事業のやり方によって将来の

成果が違い，結果として現在の価値が異なります。それは誰（どの企業）がもつかによって価値が変わる資産なのです。したがって，投資家による企業評価という観点からすると，平均的な成果の期待を反映した市場の取引価格は，各企業における事業用資産の価値とは関係ありません。その一方，事業活動から切り離されて**余資の運用に充てられている資産**は，誰がもっているかにかかわらず，将来の成果に関する市場の平均的な期待を反映した所与の市場価格で換金するしか，投資の成果を実現する方法がありません。それは，誰にとっても時価に等しい価値をもつのです。投資家は自分で将来を予想してその資産の価値を評価するまでもなく，市場の予想と評価をそのまま使えば済むことになるわけです。

そうなると企業価値の評価は，投資家が自ら評価した事業用資産の価値に，余資運用の資産の市場価格を加えればよいという話になります。したがって，会計情報がそのような評価に役立つには，余資運用の資産は市場における現在の取引価格，つまり時価によって測定する一方，事業に使う資産については，現在の時価（あるいはその推定値を合わせた公正価値）とは別の尺度が用意されなければならないでしょう。しかし，だからといって過去や未来の市場価格が，現在の市場価格より現在の価値の評価に役立つともいえません。そもそも資産の価値が将来の投資成果の期待に依存している以上，価値を直接にとらえる方法を争うより，その成果の予測にとってより有用な情報，特に利益の情報を結果として生み出すような資産の測定を工夫しなければなりません。

3 利益の認識と測定——事業投資と金融投資

さて、ここで、投資とその成果について**第1章**でお話ししたことを、もう一度おさらいしておきましょう。投資というのは、将来の不確かなキャッシュ（現金およびその同等物）を期待して、引き換えに現在の確かなキャッシュをリスクにさらす行為でした。ここではリスクを結果が決まらないという不確実性と同じ意味で使いますから、結果が確定すればそこでリスクが消滅し、当初の期待と同じかどうかはともかく（一般には同じにならないでしょうが）、投資の成果が得られたということになります。結果というのは、当然ながら投資にあたって期待したキャッシュであり、したがって投資の成果は、その期待にみあう実際のキャッシュでなければなりません。それは、不確定だった期待キャッシュフローが事実として確定することで生ずるというわけです。

もちろん、上記でいうキャッシュは現金に限らずその同等物を含めた広い概念ですから、投資のリスクを消滅させ、成果を生じさせるキャッシュフローもまた、現金収入に限らずそれと同等とみられる事象を含みます。前節にいう余裕運用の資産に生じた市場価格の変動も、事業目的に制約されずにその一部または全部を、いつでも市場で自由に換金ないし確定できるのですから、この意味のキャッシュフローにあたるのはいうまでもありません。この種の資産は、実際に清算するまで、たえず時価で売却してはただちに買い戻すという運用を繰り返している投資と考えるわけです。もともと市場価格の変動を狙った投資

ですから、価格変動によるリスクの消滅で成果を確定させ、その成果を含めた再投資によって再びリスクを負うというプロセスを繰り返しているのです[4]。

他方、事業に使われている資産は、時価やその変動が企業の価値と関係ないだけでなく、時価が上がってもそれを自由に換金できません。事業目的に使い続けるのは、換金よりもそのほうが企業価値を高められると思っているからでしょう。期待した成果は保有資産の**値上がり益**（キャピタル・ゲイン）ではなく、それを事業に使って得られるアウトプットの**販売収入**です。その販売収入（現金とは限りません）が期待されたキャッシュフローであって、資産そのものの価格変動はキャッシュフローと同等ではありません。このような投資の成果は、アウトプットに割り当てられたインプットの**投資原価**を販売収入から引かないと決まりません。そのため、事業用の資産についてはストックを取得原価（取得時の市場価格）に基づいて測定するのが支配的なルールです。

Memo 3-4

もちろん、インプット要素である事業用資産の投資原価を、取得時の価格に代えて現在の時価（公正価値）で測ることもできますが、その場合は同時に時価の変動を利益ないし損失として認識しなければなりません。要するに、それは資産の保有から生じた値上がりの成果（**保有利得**）を、事業に使った成果

---

4) 価格が変動しなくても、価格が決まれば直前の投資のリスクが消滅し、保有を続けることで再び次の投資のリスクを負うという、いわば一瞬の取引が切れ目なく続いていく状況を想定してください。なお、利息や配当など、現金収入として分離された成果が再投資されるかどうかは、当然ながら別の問題です。

> （営業利益）から分けてとらえるという，利益の内訳区分の問題です。保有利得の分だけ営業利益が減りますが，もともと値上がりを期待した投資ではありませんから，事業の成果が認識されるときにそれが区分されることになるだけです。

　このように，事業用の資産と余資運用の資産では，価値の測定も成果認識のタイミングも大きく違っています。しかし両者は，期待したキャッシュフローの確定に伴うリスクの消滅をもって投資の成果を認識するという，基本的な原則を共有しています。余資運用のような値上がり益を期待した投資で，事業に制約されずにいつでも自由に切り売りできるもの（これを**金融投資**と呼びましょう）は，保有している間に生じた価格変動がそのまま企業価値の変動をもたらす確定したキャッシュフローとみなされて成果の認識と結びつく。他方，事業に使った産出物の販売収入を期待する投資（**事業投資**）では[5]，使っている間の価格変動ではなく，アウトプットの販売に伴う現金ないし現金同等物の受け取りを待って，どちらも**リスクから解放**された成果を認識するというわけです。

　ここでは，企業資産がどのような成果を狙ったものかという投資の実質によって大きく二分され，期待された不確定な成果が確定してリスクが消滅した（リスクから解放された）ときに，その資産からの利益が認識されることになります。狙った成果というのは，保有資産の価格変動であったり，事業からのキャ

---

[5] いきなり登場した金融投資とか事業投資という概念については，このすぐ後で説明を加えます。それは，実物資産や金融資産といった資産の種類から，その資産への投資目的（どのような成果を期待した投資か）に目を転じようとするものであることに注意してください。

ッシュフローであったりしますが,どちらにしても,それに対応する事後の実績が,期待から事実に変わって実現した投資の成果です。事業収益なら投資の回収分を引いた正味が損益になり,余資運用の資産に生じた価格変動なら,それがそのまま損益になるというわけです。従来は,成果の期待が事実に変わったという意味でこれを利益(または収益)の**実現**と呼んできました。そして,その利益認識が資産や負債の測定・評価を左右してきたのです。

Memo 3-5

ここでリスクの消滅とかリスクからの解放というのは,不確定であったキャッシュフローが確定して,投資額の一部にあたるコストを引いた正味の成果が確定することでしたから,直接にはキャッシュフローの総額にあたる収益と,そこから費用を差し引いた純額,つまり収益の一部分である利益との認識にかかわる概念です。実現という伝統的な概念も,もっぱら収益と利益の認識に使われてきました。

その一方で費用の認識には,本来,投資額のうち収益をもって回収された部分を決める概念が必要です。実現収益とその原因となる費用との**対応**は,利益を測るプロセスのキーワードでした。しかし,それとは別に,回収を見込めなくなった投資原価をただちに費用とするのも重要な会計のルールですから,費用もまた,もはや成果を生まないことが確定した投下資金という意味で,リスクから解放されたものといえるでしょう。

この利益の実現は伝統的な会計基準の中核的な概念でしたが,しばしば現金収入など,ごく狭い意味のキャッシュフローに結びつけられ,たとえば余資運用の資産に生じた時価の変動ですら,換金までは資産にも利益にも影響させない厳格な原価評価

の根拠とされてきました。そのため,最近はこの概念があまり使われなくなりましたが,上述したリスクからの解放という意味であれば,現在でもそれが利益(純利益)の測定を基本的に決める役割を果たしています。また,実現したキャッシュフローから投資原価の回収分を差し引くには,前述のように未回収の部分を資産として繰り越していかなければなりませんが,それは公正価値測定を謳う会計基準の動向と相容れないといわれながら,事業用の資産については依然として原則的なルールとされています。

> **Memo 3-6**
> 　上記のように,利益の実現とは,リスクのある成果の期待がリスクから解放された事実として確定することでした。確定した事実というのは,金融投資では資産の価格変動,事業投資では資産を使った事業のキャッシュフローと考えられました。しかし,事業投資の基準をそのまま金融投資にもあてはめ,販売(売却)をもって実現を統一的に解釈する動きは,金融投資の性質をもつ資産でも値上がり分を利益から排除しただけでなく,資産の評価からもそれを排除する結果になりました。
> 　こうした難点を解消するため,ある時期からは実現に代えて**実現可能**という基準を利益の認識に適用する試みも現れました。売ったときではなく,売れる状態になったときを基準にするというわけです。しかし,実現を売却とみたまま条件を緩めてその範囲を広げるのでは,今度は事業投資の性質をもつ資産についても,値上がり分が利益とされかねません。むしろ,実現の概念をここでいうように考えるのが,公正価値会計とその適用範囲とをめぐる議論と適切に向き合うことになるはずです。

ちなみに上記では,値上がりの利益を狙った余資運用の資産のように,いつでも自由に換金でき,換金が事業に制約されな

い投資を金融投資と呼びました。実際には金融資産が大半を占めると思われますが,金融資産のなかにも,たとえば子会社や関連会社の株式のように,事業目的に制約されて自由に換金できないものが含まれます。それらの値上がり分は,キャッシュフローと同等ではありません。他方,金融資産ではなくても,たとえば土地や貴金属などを余資運用のために保有するケースはあるでしょう。それらを考えると,資産の外形よりも投資の実質を基準に測定や利益認識のルールを決めることが必要であり,そのためにここでは金融投資という概念を用意したというわけです。事業目的の資産も,それに合わせて事業投資と表しました。

　このように企業の投資は,どのような成果を期待したものかによって大きく金融投資と事業投資に分けられ,金融投資の実質を有する資産については,時価(公正価値)による測定・評価と利益認識が求められることになります。それに対して事業投資の性質をもつものには,一般にそうした**公正価値会計**を適用する意味がありません。バランスシートにストックの公正価値を開示するニーズがもしあれば,公正価値の変動分は純利益から除き,前述したその他の包括利益(OCI)に含めて繰り越す手法が使われます。この基本原則は,資産に限らず負債についても,基本的には同じように適用されることになります。負債もまた,調達資金が事業に拘束されて自由に清算できないものと,いつでも自由に清算して価格変動の利益を現金化できるものに大別されるのです。

　こうした投資の実質に基づく測定・評価と利益認識は,**公正価値会計の適用範囲**という難問にきわめて重要な示唆を与えています。ある時期までの国際会計基準審議会(IASB)や米国財

図表3-2　投資の性質と資産の測定・評価

投資の性質＼資産の外形	金融資産	非金融資産	資産の測定・評価
金融投資 市場価格の変動を期待	売買目的の有価証券やデリバティブなど	投機を目的に保有する不動産や貴金属など	時価・公正価値
事業投資 事業からの成果を期待	営業債権，子会社・関連会社の株式など	資本設備や在庫品など通常の事業用資産	原則として原価 （減価・減損を控除）

務会計基準審議会（FASB）は，すべての資産・負債に適用される公正価値会計を究極の目標に，さしあたりは**金融商品（金融資産と金融負債）の全面公正価値会計**を出発点として，なし崩し的にその範囲を拡張する試みを繰り返してきましたが，それは資産に限って問題点を整理した図表3-2で，左側の金融資産の列から右方向に非金融資産の列へと公正価値会計を拡張するものでした。これに対して上記の分類は，列の区分を横に貫いた行を単位に，公正価値会計に適合する金融投資と適合しない事業投資とを上下に切り分け，それによって意味のある利益情報を生み出そうとするものです。

4　純利益と包括利益

　前節では，企業投資の実質的な性格を，投資の目的として期待する成果に基づいて大別し，金融投資と事業投資という2つのカテゴリーを設けて資産の測定・評価と利益認識のルールを検討しました。しかし，当然ながらそうしたルールの使い分けが，いつも明確に定まる保証はありません。たとえば本社ビル

や工場建設用地とか，金融商品でも子会社や関連会社の株式にはあたらないが，後述する政策投資目的で保有する株式など，事業用といっても外形上は値上がりを狙って保有する資産と区別の難しいものは少なくありません。だから，そうした判断につきまとう恣意性を避けるために，取得原価か時価か，時価でも入口価格か出口価格か（再調達価格か売却価格か），なにか1つに統一しようという主張は昔から立場を変えながら何度も繰り返されてきました。

　しかし，統一のための統一では無意味な情報開示になるだけです。判断を要する区分を設けると恣意的な操作が働くから，そのような区分をなくせばよいというのでは，情報の有用性にかかわる問題を解決することなど，できそうにありません。単一の測定ルールが首尾一貫性を保証するという主張には，そのルールが目的に対する手段であるという理解が欠けているのかもしれません。目的や概念の一貫性はどのようなシステムにも不可欠ですが，手段を一貫させるためにルールを画一化しようというのは，どんな病気にも効く万能薬を求めるような話です。それよりも手段を使い分けるための理屈を整備して曖昧なケースを減らすとともに，いずれかに区分しきれないケースについては，その弊害を最小限にするような処理を工夫するのが先決でしょう。

　その例が，事業投資の要素を必要に応じて時価（公正価値）評価しながら，リスクから解放されたとはいえない評価差額を純利益から除いて包括利益のなかの別の区分（OCI）に含め，キャッシュフローとしての実現を待って純利益にリサイクルさせるという，何度も述べてきたやり方です。リサイクリングは包括利益に同じ要素を二重計上する結果になるから認められな

いという主張もありましたが[6]，純利益と包括利益が投資期間を通算すればいずれも正味キャッシュフローに一致するという重要な条件（クリーン・サープラス関係を成り立たせる条件でもあります）を保証するうえで，それは不可欠な操作とみるべきです。包括利益の重要性を訴えるのであれば，なおのこと，並行開示される純利益をそれとリンクさせることが必要になるはずです。

このやり方がもっとも広く使われたのは，バランスシート上の時価（公正価値）評価が急に拡張されて利益情報への影響が懸念された金融資産，特に債券や株式など有価証券のケースでした。21世紀の到来とともにIASBが全面公正価値会計を目標に掲げて基準改変に着手するまでは，有価証券の測定と利益認識について，米国基準も国際基準も日本基準もほぼ同じルールを共有していました。国際的なコンバージェンスの運動が始まった時点で，有価証券の会計基準についてはコンバージェンスがほぼ完成していたのです。そこでは，保有目的によって有価証券を4つのクラスに分類していました。すなわち，①**売買目的**の株式や債券，②**満期まで保有する目的**の債券，③子会社および関連会社の株式，それに④その他有価証券（売買可能証券などとも呼ばれました）です。

これらのうち，①はトレーディングによる差益を狙ったものですから，前述した概念でいう金融投資に該当します。したがって，それは時価で測定し，時価の変動で利益を認識する**時価**

---

6) 二重計上というのは，OCIに計上するときと，OCIから純利益へリサイクルされるときとで2度，包括利益に計上されることになるという意味です。後者は包括利益のなかでの振り替えにすぎませんが，それでも純利益の増える分が包括利益への計上になるという話でした。

会計の守備範囲です。当面は市場価格がなくても売買による差益を狙うケースがあれば，時価の推定値を含めた公正価値会計ということになります。他方，これと対極にあるのが③の子会社・関連会社の株式です。このグループも株式ですから外形上は①との区別が難しいのですが，他社の事業に投資してリスクを負う以上，実質はむしろ事業投資です。したがってその測定は公正価値ではなく，投資先企業のバランスシートによるほかありません。子会社株式には連結決算が，また関連会社株式にはその便法である持分法が，それぞれ適用されることになっています（**第8章**で説明します）。

上記の①と③は性格もはっきりしていて，現在でも会計ルールは基本的に変わりません。それに比べて，②はもう少しデリケートです。そもそも債券を取得して満期まで保有する場合，この投資の成果は毎期の利息収入に，債券を満期償還額（契約上の元本）より安く買ったディスカウントを加えた額（逆のケースならプレミアムを引いた額）となり，その額は**債務不履行**がない限り取得した時点で確定されてしまいます。満期以前に売らなければ価格変動のリスクはないので，毎期の成果はその額を投資期間に配分すれば決まります。ディスカウントまたはプレミアムを期間配分（償却）して，債券残高を取得価額から満期償還額へ少しずつ近づけるとともに，その償却分を利息収入に加減して毎期の成果を測るというわけです。この**償却原価法**が従来の共通ルールでした[7]。

---

[7] 償却原価法は，資産として保有する他社の社債だけでなく，負債としての自社の社債にも適用されます。負債を取り上げる**第6章**の **Memo 6-1**で，数値例によって詳しく説明します。

> **Memo 3-7**
>
> 債務不履行（貸し倒れ）のリスクに対しては，その金額を見積って貸倒引当金を設定し，それを債券の額から控除して開示するとともに，同額の損失を計上してあらかじめ利益を減らします。貸し倒れにならなかった分は，その時点で利益に戻し入れます。これは債券に限らず，すぐ後で述べるとおり，証券化されていない債権にも広く適用される評価の方法です。**第6章で説明する負債性の引当金とは性質が違いますが，将来の損失を先取りするという意味で引当金と総称されてきたものです。**

しかし，満期保有という経営者の意図だけで公正価値会計の例外とすることには批判もありました。従来の国際基準でも，契約上の元本と利息を回収する目的で債券を保有するという**事業モデル**（投資戦略）が客観的に確認でき，しかもその債券の契約条件から生じるキャッシュフローが，特定の日における元本と元本残高に対する利息のみという特性をもつ場合に限って償却原価法の適用を認め[8]，それ以外の債券はすべて公正価値で測定したうえ，変動分は利益（純利益）に反映させることにしてきました。最近ではこの硬直的な二分法に対する反省から，元本と利息を受け取るだけの債券について，その回収と売却の双方を目的に保有する事業モデルが確認されれば，これを公正価値測定して変動分をOCIとするルールが新たに加えられています。

---

[8] この場合の利息は貨幣の時間価値と信用リスクの対価に限られ，契約上のキャッシュフローの変動性を増幅させるようなレバレッジの要素を含みません。したがって，たとえば新株予約権付社債のようなオプションの要素を含むものなどには，償却原価法を適用できません。なお，事業モデルについては，主観的な意図とは別に，運用の体制や実績を客観的にテストすることが想定されているようです。

それら以外の雑多なものをまとめた④になると，話はさらに複雑になります。このなかには，子会社・関連会社の株式でなくても，事業提携や技術提携の実効性を担保するために保有するような**政策投資（戦略投資）**もあれば，それと逆に売買目的といわないだけで実際にはいつ換金してもかまわない，むしろ①に近いものも含まれています。**持合株**といわれるものにもさまざまな目的があり，事業投資に近いものと金融投資に近いものとが混在しているようです。従来の会計基準ではこのグループを公正価値で測定し，差額は OCI としたうえで換金による実現を待って純利益へリサイクルさせてきました。資産の測定・評価と利益認識を期間ごとでは分離したうえ通期では結びつけるこの方法は，まさしくこの種の有価証券で実益が認められたのです。

Memo 3-8

ここでいう政策投資にもいろいろなものがありますが，典型的な例として，Ａ社がＢ社のもつ技術の供与を受けてある製品の製造・販売に乗り出すこととし，契約の裏づけとしてＢ社の株式を取得する場合を考えてみましょう。Ａ社がその製造ラインに投資をした後で，この技術の利用価値を損なう行動をＢ社にとられたりしないよう，Ｂ社の経営に影響を与えられるだけの株式を保有するわけです。

Ａ社の損益計算書には，この製品の販売から得た成果が営業利益として計上されています。仮にＢ社株式が値上がりしても，株式を売ってしまえばＢ社の行動次第で技術の利用価値が低下して，高い営業利益が続けて得られる保証はありません。株式の値上がり益は，営業利益という選択肢の機会費用になっているのです。この機会費用を，営業利益と一緒に投資の成果とするわけにはいきません。

ただ，こうした政策投資（戦略投資）目的で保有するＢ社

株式も，外形上は売買目的の株式と変わるところはなく，技術提携契約などの文書によって事業投資の性格を確認するほかはありません。そのためこれを時価で測定したうえ，差額は純利益から除いてOCIとしてきました。契約を解除して事業目的に拘束されなくなったときはOCI残高を純利益へリサイクルさせ，それまでの株価の変動をまとめて投資の成果に算入するわけです。

しかし，この④のグループについても，経営者の主観的な意図による測定値のノイズを排除するという理由で，金融商品の全面公正価値会計を目指す立場からは，①とまとめる方向の基準改訂が主張されました。ただ，それは事業投資の性格が強いものも金融投資として処理することで，利益情報の有用性を大きく損なうことになりかねません。そうした反対論から，国際会計基準ではそれらの公正価値測定差額をOCIとするオプションを認め，代わりにそのときはリサイクリングを認めないという方式を導入しました。上記①と④の区別をやめるのとセットですから，それはOCI処理を実質的には自由選択に変えて規律を退化させ，しかも，リサイクリングの禁止によって純利益の情報がもつ意味を損なうことにもなりました。このルールについては，今後もまだ再検討が続くでしょう。

Memo 3-9

なお，金融資産には売上債権や貸付金などの営業債権もありますが，価格変動による利益を目的に保有されているのではないことから，一般には時価（公正価値）評価の対象にならず，取得価額ないし償却原価で測定するとともに，貸し倒れは上記のとおり別途に見積って資産と利益から差し引いています。他方，最近では金融派生商品（デリバティブ）のウェイトが大

きくなっていますが，これらは基本的に投機目的か，あるいは投機目的の金融投資において価格変動リスクをヘッジする（軽減する）目的で保有されることが多く，時価ないし公正価値で測定され，例外的な（**第7章3節**でふれるキャッシュフローのヘッジにあたる）場合を除きその変動で利益が認識されています[9]。

---

9) デリバティブには，オプションのように買いか売りかで資産か負債のどちらか一方に決まるものもあれば，先物のように時価（公正価値）がプラスにもマイナスにもなり，それに伴って資産にも負債にもなるものもあります。たとえば先物売りだと，契約時の価値はゼロで資産にも負債にもなりませんが，その後に現物価格の下落で先物価格も下がれば，その時点で契約するのに比べて，あらかじめ高く売った分だけプラスの価値がこの契約に生じます。この場合は売った側で先物契約は資産になりますが，反対ならマイナスの価値が生じて負債になるというわけです。

Discussion

[3-1] 事業投資の成果と資産評価

　ある海運会社が，海運市場の活況で値上がりした保有船舶の評価を切り上げてその分の利益を計上し，それによって長年の赤字で累積した損失を埋め合わせることを考えたとしましょう。船舶の中古市場は開発途上国を含めて規模も大きく流動性も高い（したがって売り値を容易に予測でき，いつでもその価格で売れる）ものと仮定します。

　売らなければ利益は絵に描いた餅だという人，いつでも売れる市場があるなら売っても売らなくても同じことだという人，売ったかどうかの問題ではなく，時価より安い値段で船舶を事業に使っている以上，それで得をした分は利益の一部とみてよいのではないかという人など，いろいろな意見がありますが，あなたはどう考えますか。

[3-2] 投資不動産の評価

　[3-1]の海運会社を不動産会社に置き換えてみます。この会社は所有するオフィスビルをテナントに賃貸して収益を得ています。国際会計基準では，このビルを投資不動産として時価評価し，その変動分を（賃貸料収益と合わせて）利益に含める方法を，今のところは選択的に認めています。もし誰かが，それなら事業会社が所有し自ら使用する本社ビルも同じことではないか，と発言したらどう答えますか。工場の場合ならどうですか。

[3-3] 資産の売却と賃借

　[3-1]の海運会社や，[3-2]の不動産会社が，所有する船舶やビルをいったん売却したうえ，賃借して使い続けるとします。これなら売却時に利益を計上できますか。**第5章（Memo 5-10）**

でふれるセール・アンド・リースバックの話ですが，その前によく考えてみてください。

[3-4] 資産の証券化（流動化）

[3-1]の海運会社や，[3-2]の不動産会社が，この船舶やビルを特別目的会社（SPC：会社としての実体のないペーパー・カンパニーです）に売却し，運送や賃貸による将来の収益を分配する証券に組み替えて投資家に販売するとともに，販売代金で船舶やビルへの投資をまかなった借入金を返済したとします。両社はもはや所有していない船舶やビルをバランスシートから除き，SPCに売却した代金と簿価との差額を損益として計上したいところですが，なにか問題があるでしょうか。

[3-5] 資本提携などで保有する株式

他社と商品の共同開発と販売協力を進める業務提携に合意し，それを資本提携で補強するためその会社の株式の3％ほどを保有しているとします。期末時点でこの株式の時価が取得価額を超えて上昇しているとき，会社はバランスシート上でそれをどのように評価し，損益計算書上でその評価差額をどのように開示すればよいでしょうか。

もしこれが，会社の乗っ取りに対抗し，「経営の安定」のために複数の他社と持ち合っている株式であり，しかも保有比率が各社単独では互いの営業や財務に重要な影響を与えられるほど大きくないとしたらどうですか。

[3-6] 将来の支払いに備えた長期保有債券

生命保険会社が，将来の保険金支払いに備えて長期の国債や社債を保有しているとします。これらの債券に生じた価格の変動を，会社はどう処理して開示したらよいでしょうか。もし条件次第だというなら，適宜，前提条件を補ったうえで回答してください。

[3-7] 時価会計と飛ばし

　有価証券に時価会計が適用されているとき,値下がりした証券を決算期の異なる他社に値下がり前の価格で買い取ってもらい,評価損の計上を回避する「飛ばし」という操作が話題になります。買い取った側でも決算期までに同じように飛ばしてしまえば,評価損は隠されたままです。現在は法律で事実上禁止されていますが,それがなかったらどうすればよいか考えてください。

[3-8] 時価会計とプロサイクリカリティー

　時価会計に対しては,それが生み出すプロサイクリカリティー（景気循環増幅効果）が批判されてきました。有価証券が値上がりして時価で測った利益率が借入利率を上回ると,借金を増やして証券を追加購入するからさらにそれが値上がりし,反対に値下がりで利益率が借入利率を下回ると,借金を返すために証券を売るからさらに値下がりが助長される。公正な時価といってもファンダメンタル・バリューの変動を誇張していて,原価情報の歪みを解決できないのでは,という批判です。会計上の問題としてどう考えたらよいでしょうか。

[3-9] 株式の売却益と配当収入

　現在の国際会計基準では,保有株式の時価評価差額を純利益から除くこともできますが,そのオプションを使うとリサイクリングができず,株式を売ったときに買い値との差額は純利益になりません。その一方,配当収入はすべて純利益の要素となります。値上がり益も配当収入も同じ株主所得ですが,この会計上の違いをどう考えたらよいでしょうか。

第 **4** 章

収益認識のルール

―― Contents

1 事業投資の収益認識
2 事業リスクからの解放
3 顧客との契約から生ずる収益
4 外貨建て取引のケース
5 金融投資とヘッジ取引

1 事業投資の収益認識

　第3章では，資産の認識と測定・評価のルールを，投資のリスクから解放されて実現した利益を測る作業と結びつけて説明しました。そこでは，資金の投下と引き換えに期待するキャッシュフローのリスクを，保有資産そのものの価格変動と，保有資産を事業に使った収入の不確実性に大別し，それぞれのリスクの消滅にそくした投資成果の確定に，資産の評価を基本的に連動させていたのです。すなわち，価格変動の利益を狙ってそのリスクを負担した金融投資では資産をたえず時価（公正価値）で測定し，変動分をただちに利益として認識する一方，不確定な事業収入を期待した事業投資の場合には，その確定を待って利益をとらえ，資産は**再測定**（**評価替え**）することなく，投資原価からすでに事業収入で回収された部分を引いた残高で繰り越すものとされました[1]。

　この資産と利益の認識と測定が同時に決まる仕組みを理解したうえで，本章と次の**第5章**では利益のほうに重点を移して，その決まり方をもう少し詳しくみていくことにします。前の章でも述べましたが，利益というのは確定したキャッシュフローの総額にあたる収益から，それによって回収された投資額としての費用を引いた正味の成果です。どれだけコストを支払って，どれだけそれを取り返したのかという，営業の規模と効率性は，

---

1) この種の資産を公正価値測定することはありますが，その処理については繰り返しません。

余剰としての利益の純額ではなく，そのプラスとマイナスの要因である収益と費用を，それぞれ総額で比べないとわかりません。企業会計ではこの両者の因果関係を，キャッシュフローとして稼得された収益に，その原因となった費用を**対応**させる方法で，正味の利益を投資のリスクから解放された成果として測定・開示してきました。

そうした収益と費用を総額で比較した利益の測定は，これまでの概念でいう事業投資のケースにもっぱら関心を向けています。そこでは，商品やサービスの**売上収益**と，それを生み出すのに要した直接の費用（**売上原価**）および間接の費用（販売費・管理費など）が因果の関係で対応するよう，保有している間に生じた資産の価値変動よりは，期間ごとの事業活動を基礎にした認識と測定が工夫されてきました。金融商品である債権や債務でも，事業に拘束したときはその期間に応じて利息を含む正味の現金収支が収益・費用に配分されますが，これも事業活動に基づく測定の一環です。以下，本章ではモノの製造・販売やサービスの履行という事業上の取引にそくして，収益の認識と測定を検討していきます。費用の側については次の**第5章**で取り上げることにします。

Memo 4-1

金融資産や金融負債を事業投資の一環として保有している場合，投資の目的でない価格変動は原則として純利益に影響させずに，配当の受け取りや利息の受け払いなどのキャッシュフロー，それに社債などのディスカウントやプレミアム（取得価額ないし発行価額と満期償還額との差）を，それらの資産や負債を事業に拘束した経過期間に応じて各期の収益や費用に配分することになります。

そのため、収益の前受けや未収、費用の前払いや未払いが資産や負債とされて、収益や費用はその期のキャッシュフローとずれてきます。たとえば貸付金の利息収入が来期になる場合は、経過期間に応じた当期の未収分について資産と収益を認識し、収入時にこの資産（未収利息）を相殺します。借入金の金利が前払いであるときは、未経過期間にかかわる前払い分を資産に振り替えて、次期の費用に繰り延べます。それらについては特に説明する必要もないでしょう。

2 事業リスクからの解放

すでにみたように、事業投資プロジェクトの開始から終了までを通算した正味の成果は、各期の事業収入と事業支出、それに当初の資本支出（設備投資）というキャッシュフローによって決まります。全期間を通算すれば、収益は事業収入に等しく、費用は事業支出と当初の資本支出を加えた額に、そして正味の利益は正味の現金収支に等しいという話です。したがって各期の収益は、この事業収入を**事業のリスクから解放**された期間に帰属させたものになります。事業投資は事業のアウトプットである商品・製品やサービスを販売した対価の収入を期待したものでしたから、販売によってそのキャッシュフローが確定すれば事業のリスクは消滅します。しかし、それが具体的にその過程のどこになるかは、事業の性質によって異なります。それを決めるのが**収益認識**の問題です。

ひとくちに販売といっても、受注から始まって納品ないしサービスの履行、代金の請求、そして代金の回収に至る過程があ

り,どの時点で販売収益を認識するのかによって利益の期間帰属が違ってきます。法律上は所有権がどこで買い手に移るかということかもしれませんが,開示される会計情報の有用性という観点からすれば,情報の利用者である投資家が企業の業績を判断するのに,どの時点で販売したとみるのがよいかという問題になります。利益は確定した成果の情報ですから,確定前の単なる見込みではまだ要件を満たしませんが,さりとて法的な権利の移転が完結するのを待っていては,投資情報として遅くなりすぎるかもしれません。リスクがすべて消滅したわけではなくても,企業活動の成否にかかわるリスクから解放されるのはどこなのか,簡単にみえて意外に判断の難しい話です。

　上述の受注から納品を経て代金回収に至る販売のプロセスをみると,そこにはリスクといっても性質が違う2種類のものがあることに気づくでしょう。1つは販売そのものにかかわる**ビジネス（事業）のリスク**,もう1つは請求した**販売代金の回収リスク**です[2]。となると,まず両者がともに消滅しないと販売収益を認識できないか,とりあえず前者の事業リスクからの解放をもって収益を認識し,後者の換金リスクには別の方法で対処することが可能か,代金の回収が先行した場合はどうするか,そうした点を考えてみなければなりません。期待したキャッシュフローを実現させる販売の過程で,この2種のリスクの相対的なウェイトが大きく異なるのであれば,主なリスクの消滅をもって収益を認識するのも,タイムリーな情報開示に役立つことでしょう。

---

　2) ここでいう回収のリスクは,いうまでもなく投資の回収ではなく,販売によって投資が回収された後の,代金の回収（売上債権の換金）にかかわるリスクです。

もちろん業種・業態にもよりますが，自社の商品・製品やサービスが売れるかどうかという事業のリスクと，売上代金を支払ってもらえるかという回収のリスクとでは，前者のウェイトが圧倒的に大きいのが普通でしょう。後者については，過去の経験から推定した売上債権の**貸倒損失**を，**貸倒引当金**の設定により換金前に計上するやり方が一般に認められてきました。もっとも，継続的な取引関係のない個人の消費者に分割払いで販売した場合や，債務不履行の懸念がある国に延べ払いで輸出した場合など，代金回収リスクの見込みが難しいケースはあるかもしれません。なかには販売より代金回収のノウハウでビジネスの成果が左右されるようなケースもあるでしょうし，さらには債権の回収を本来の業とする会社もありますが，それらはむしろ例外とみることが可能です。

　だとすれば，販売の対価が得られたとみられるときにその額をもって**事業収益**を認識し，取得した売上債権は，貸し倒れの見込み額を控除することで確定したキャッシュフローと同等とみるのが，リスクから解放されて実現した成果の測定と，タイムリーな情報開示とを両立させる原則的なやり方ということになりそうです。販売対価（の請求権）が得られたときというのは，必ずしも所有権が顧客に移転したときを意味するものではなく，販売を成立させるために必要な売り手側の義務を果たしたとみられるときであり，モノであれば顧客に引き渡したとき，サービスであれば履行したときが原則とされています。いずれにせよ，事業からの成果を確定させる決定的な事象（**クリティカル・イベント**）を販売に求め，そこで事業の収益をとらえようというのです。

Memo 4-2

　販売に伴う収益認識と代金回収の会計処理を，ごく簡単な数値例によって確認しておきましょう。あくまでもイメージを得るためのものです。

　いま原価120の商品を150で掛け売りして引き渡し，その期に3分の1にあたる50を回収したとします（金額単位は省略）。販売時には，

　　売上債権　　150　／　売上収益　　150
　　売上原価　　120　／　商　　品　　120

として売上債権（売掛金）の額にみあう収益を計上する一方，販売により流出した商品の原価を費用に振り替えて収益に対応させ，回収時には，

　　現　　金　　 50　／　売上債権　　 50

として回収した売上債権を現金に振り替えればよいでしょう。

　もし代金の回収が販売の翌期以降になる場合は，販売した期の期末に，債権が貸し倒れになる可能性を見積り（たとえば3），債権を切り下げて損失を計上します。つまり，

　　損　　失　　　3　／　売上債権　　　3

　この損失3を売上収益と相殺しても，また，売上債権を減額せずに貸倒引当金を設定して切り下げても，利益への影響はどれも同じです。もし減額した後の債権の額147と実際の回収額が違っても，差額が利益に加減されて見積損失を事後的に修正します。

　他方，商品の発送ないし引き渡しやサービスの履行より，代金の回収が先行する取引はどう考えたらよいでしょうか。たとえばデパートが商品券を売った場合とか，鉄道会社が定期乗車券を販売した場合などです。これらの取引では，売上代金の回収リスクはすでに消滅していますが，まだ商品を引き渡したり運送サービスを履行したりする義務が残っていて，それを果たさなければ販売は成立せず，前受けした代金は払い戻すことに

もなるでしょう。現金収入はそうした債務の増加で相殺されて純資産に影響せず，したがって収益が計上される余地はありません。販売には商品の引き渡しやサービスの履行が必要であり，それがなければ対価のキャッシュフローはリスクから解放されません。単に現金化されたというだけでは事業収益の認識に結びつかないのです。

　もっとも，これらは，販売に伴う**対価の受領**と**義務の履行**が明確に対応しているだけでなく，義務の履行そのものが，顧客の買い物や電車の運行など比較的短い期間で完結する取引で確認できるケースです。しかし，同じような顧客との契約に基づく義務であっても，道路やビルの建設とかソフトウェアの制作といった長期にわたる請負作業では，履行した部分と対価との関係を特定する判断が容易でなく，しかも契約に従った履行やそれに伴う費用の発生に不確定要因が少なくありません。対価が契約で確定されていても，あるいは一部を現金で受領していても，そうしたリスクを抱えている取引について，どこで義務の履行をとらえて販売収益を認識するかは，これまでにもいろいろな方法が工夫されてきたところです。その説明と検討は次節の主題になります。

3　顧客との契約から生ずる収益

　商品・製品の引き渡しやサービスの履行に基づいて販売収益を認識するという，前節で説明したルールは，いうまでもなく，それが販売のリスクを実質的に消滅させて事業からの成果を確定させる決定的な事象だという共通の理解に支えられています。

しかし、そうした事象そのものがどこで確定するのか、不明確なケースもじつは少なくありません。典型的な例は、上記の請負作業のような、**顧客との契約**で受注をした後、**契約上の義務**を履行するのに多くの不確定要因が残っている場合です。特に、それが契約した期の期末までに完了せず、翌期かそれ以降に持ち越されるときが大きな問題です。義務の履行を販売の認識に結びつけるタイミングで、収益ならびに利益の期間帰属が変わってしまうからです。この節では、そこに目を向けて収益認識を考えてみることにしましょう。

そもそも契約によって販売が確定した以上、そこで販売収益を認識できるという主張も出てくる可能性がないとはいえません。契約で買い手はもとより、販売価格も決められているはずですから、その契約を強制する社会的な仕組みがある限り、その額で売上債権と売上収益を計上してはいけない理由はないという議論です。問題は収益に対応させられる費用ですが、たとえば契約時点で契約上の義務を他の業者に請け負わせる相場がわかれば、とりあえずその額で計上したらよいといった話にもなりえます。自ら作業をした結果との違いは事実の確定を待って修正することにすれば、義務の履行とは関係なく契約と同時に成果を認識しようという主張も、販売のリスクが消滅した時点で事業の収益をとらえる前節の理屈から出てきそうな気がします。

要するに、道路とかビルの建設工事でも、ソフトウェアの開発・制作でも、受注したらそれだけで収益を計上しようというのですが、すでに売れたのだからといっても、さすがにこれはおかしいと思うでしょう。少なくとも顧客と契約を交わしただけでは、工事など[3)]の義務の履行を条件とする販売の対価は

得られません。仮に対価の一部を先に受け取っても、約束した義務を果たさなければ確定した収入にならないことは前述のとおりです。投資の成果といえるキャッシュフローは、まだ生じていないのです。契約上の義務を果たすのに特段の困難が予想されない限り、契約で保障された対価を受け取る権利は、確定した売上債権と実質的に変わらないといった話なのかもしれませんが、それだけでは投資の成果がリスクから解放されているとはいえません。

そこではまた、収益の額こそ約定されていても、対応する費用はまだ確定したわけではありません。どこまで予定したコストで義務を果たせるのかという、重大なリスクは残っているのです。そのリスクが消滅しなければ、投資の成果が確定したことにはなりません。契約で定められた工事対価は、義務の履行の認識とその費用の合理的な確定を待って販売収益となるのです。そうしたケースでは、むしろ履行した工事の費用を決めないと、それに対応させて約束の販売収益を配分することができません。すでに契約上の義務を履行した部分について、割り当てられるコストを工事が完成するまで確定できないのであれば、収益も費用もすべてが完成した期に配分され、正味の利益も通常の販売と同じく、そこではじめて認識されるほかはないでしょう（**工事完成基準**）。

他方で完成までの工程や費用に不確定性が少なく、進捗した分に費用を割り当てるのが容易ならば、収益も契約した工事の進捗に応じて各期に配分できるかもしれません。正味の利益も、

---

3) 道路や建物、船舶やプラントの建設・建造など、狭い意味の工事に限りませんが、以下では便宜上、ソフトウェアの制作なども含めて「工事」で代表させることにします。

その場合には義務の部分的な履行に伴って認識されていきます（**工事進行基準**）。完成基準では，仕掛かり工事に要した費用が資産（一種の棚卸資産）の勘定に累積されてバランスシートで繰り越されますが，進行基準では，こうした工事の諸費用が期間ごとに売上原価へ振り替えられて売上収益に対応させられます。結果として消滅する棚卸資産に代わり，そこでは未確定の権利として認識された契約対価の配分額が，バランスシートで資産に計上されることになります。資産はこの対価に含まれる正味の利益だけ増え，それと同じ額が損益計算書を経由して純資産に加えられるというわけです。

> **Memo 4-3**
>
> 　進行基準に基づいて計上される売上債権に準じた資産は，一般には資産そのものを認識した結果というよりも，収益の期間配分に連動したものとみるほうが自然です。単なる見込みではないにせよ，契約があるというだけで請求権の確定を待たずに契約対価を義務の履行に応じて配分し，それを資産として擬制したものにすぎません。資産・負債アプローチといいながら，事実上は収益・費用アプローチに近い考え方でしょう。
>
> 　工事期間の当初や途中で工事代金の一部を請求できる契約になっている場合でも，進行基準では**進捗度**に基づいて契約対価を各期に配分し，資産と収益を同時にとらえることに変わりはありません。なお，ここでいう進捗度は，技術的にみて工事がどこまで進んだかをとらえたものであり，完成までの見積費用総額に対する発生費用の比率でとらえた便宜的な尺度ではありません。この便法は会計実務でしばしば使われますが，それはまた理屈とは別の問題です。

　図表4-1は，2期間にわたる工事契約の収益認識をまとめたものです。請負価格，つまり2期分の工事収益の総額を R と

図表4-1 工事契約の収益認識

	売上収益		売上原価		利益(売上マージン)		期末在庫
	第1期	第2期	第1期	第2期	第1期	第2期	第1期
進行基準	R_1	$R-R_1$	C_1	C_2	R_1-C_1	$R-R_1-C_2$	なし
完成基準	なし	R	なし	C_1+C_2	なし	$R-C_1-C_2$	C_1

し,費用は第1期にC_1,第2期にC_2が発生したとします。進行基準では,第1期末までの工事の進捗度をRに乗じた値をR_1として,収益と費用が第1期にR_1とC_1,第2期に$R-R_1$とC_2,利益は第1期のR_1-C_1と第2期の$R-R_1-C_2$に分かれます。第1期末には,未収入金にあたるR_1が資産として計上されます。他方,完成基準では第1期の収益と費用はゼロ,利益もゼロ,その期の発生費用C_1は資産として次期に繰り越されます。第2期には収益Rと費用C_1+C_2の全額が計上され,利益は$R-C_1-C_2$となります。資産として繰り越されたC_1は費用に振り替えられて,第2期に発生した費用C_2と合算されるわけです。

Memo 4-4

工事契約の収益認識についても,簡単な数値例を掲げておきます。請負工事の契約価格を150,第1期末における工事の進捗度を3分の2,第1期中にかかった工事の費用を80としましょう(金額単位は省略)。

進行基準では請負価格150の3分の2にあたる100の売上債権(未収入金)と売上収益が計上され,他方で仕掛品(未成工事)の勘定に累積されてきた工事費用80が売上原価に振り替えられます。勘定の名称などはともかく,大づかみなイメ

―ジとしては,

 未収入金 100 ／ 売上収益 100
 売上原価 80 ／ 未成工事 80

のように処理され,20（売上収益－売上原価）の利益が認識されるのです。

　この工事が翌期に完成して引き渡され,対価の請求権が確定したとすると,第2期には残り50の売上収益が計上されます。この期に生じた工事の費用を仮に40とすれば,

 売上債権 150 ／ 未収入金 100
         ／ 売上収益   50
 売上原価   40 ／ 未成工事   40

となって10の利益が計上されるわけです。

　他方,完成基準では,完成ないし引き渡しの時点まで売上収益も売上原価も生じません。仕掛品である未成工事の勘定に累積された工事の費用は,その期の利益に影響しないまま資産として繰り越されます。それは売上収益が計上されるときに,その後に生じた工事の費用と合わせて売上原価に振り替えられるわけです。このケースでは第2期に,

 売上債権 150 ／ 売上収益 150
 売上原価 120 ／ 未成工事 120

のように処理され,利益30がはじめて出てきます。

　ところで,顧客との契約による工事などの収益認識は,この10年余り,会計基準（特に国際会計基準）におけるもっとも大きな不安定要因の1つとなってきました。日本では従来,利益実現の観点から完成基準が原則とされ,進行基準が例外として位置づけられてきましたが,後者への一元化を図っていた国際基準に合わせ,成果が確実視される場合は進行基準を適用することに変えました。ただ,進行基準を主張する国際会計基準審議会（IASB）の論拠は脆弱で,特に資産・負債アプローチや公正価値測定とどう整合させるのかは,解決の困難な問題とみ

られていました。上述したように進行基準における資産認識は、取引価格の期間配分という、公正価値測定と相容れない操作の結果でもあるからです。そこで考え出されたのが、**契約資産**や**契約負債**という概念を導入した収益認識でした。

ここで契約資産とは、契約上の権利（代金請求権）の価値から工事を完成させる義務の価値を引いた正味の概念であり、これがマイナスなら契約負債になります。この契約資産が増えた分、あるいは契約負債が減った分で収益をとらえるのが、そこでの提案でした。契約上の権利は、代金の請求権がその回収のほか、市場金利や顧客の信用状況等に応じて変動する公正価値で、また義務は、いまだ履行されていない工事を他社に移転するとしたときの公正価値で測定されます。これらを継続的に再測定すれば、資産・負債の公正価値変動で毎期の収益が決まると期待されたのです。しかしこの方法では、工事契約を結ぶと同時に履行義務の移転を仮想し、そこで契約からの利益をすべて先取りしてしまいます[4]。その点だけでも、これは広範な支持を望めない提案でした。

そのため、今度は契約時における契約上の権利と義務をともに**契約対価**の額で測定して、差額が出ないようにする方法が提案されました。契約時は公正価値測定を断念して、取引価格をベースにしようというわけですが、その後に権利と義務を公正価値で再測定するというなら、利益の先取りが少し遅れるとい

---

4) ここで工事契約からの利益の「すべて」といったのは、契約の取得と同時にその履行義務を他社に移転したときに得られる利益のすべてという意味です。実際には自ら契約義務を履行するのであれば、それは他社に移転するよりコストが低くなってより大きな利益が期待できるからでしょう。その分の利益は、後から追加的に生ずることになるはずです。

うだけで，本質的には同じ問題が未解決のまま残ってしまいます。結局，契約時以降もこの契約対価で契約資産と契約負債を測定せざるをえなくなりますが，それは取引価格を各期の収益に配分する従来の基準と変わりません。収益を資産・負債の評価だけで決めることに無理があるのでしょうが，日本が進行基準に近づけた直後から，IASBではむしろ進行基準は二の次にして，契約資産・契約負債による収益認識に形をつける試みが優先されていきました。

Memo 4-5

契約資産や契約負債の概念を導入した収益認識について，簡単な数値例を掲げておきます。次のような請負工事の例（金額単位は省略）では，契約上の義務をどう測るかにより結果が図表4-2のように違ってきます。

① 請負価格150。支払いは完成引き渡し時点。それを受け取る契約上の権利の公正価値は150のまま変わらない。
② 契約上の義務である未履行の工事を他者に移転するとしたときの公正価値は当初が120。第1期末には工事が3分の2まで進捗し，未履行分の公正価値は40。
③ 契約資産は契約上の権利マイナス契約上の義務（負値なら契約負債）。収益は契約資産の増加分（あるいは契約負債の減少分）。

契約資産は対価請求権の確定に伴って売上債権に振り替えられます。このうち，図表4-2に示した(1)や(2)の公正価値測定は支持を得られず，IASBも履行された契約上の義務に取引価格を配分して収益をとらえる(3)の方向に戻りました。契約資産・負債も，確定した契約対価（現金や売上債権）を受け取る前に履行義務を充足した分を資産に，義務を履行する前に受け取った分を負債に，それぞれ計上することになりました。契約上の権利が対価請求権の確定する前から後の状態に変わっているようですが，資産か負債のいずれか一方が，正味の残高とし

図表4-2 契約資産と収益の測定

(1) 契約上の義務を公正価値で測定→契約と同時に収益が認識される

	契約上の権利	契約上の義務	契約資産	収益（契約資産増）
契約時	150	120	30	30
第1期	150	40	110	80
第2期	150	0	150	40

(2) 契約時だけ契約上の義務を取引価格で測定→第1期をまとめれば(1)と同じ

	契約上の権利	契約上の義務	契約資産	収益（契約資産増）
契約時	150	150	0	0
第1期	150	40	110	110
第2期	150	0	150	40

(3) 契約上の義務は取引価格の配分により測定→現行基準と変わらない

	契約上の権利	契約上の義務	契約資産	収益（契約資産増）
契約時	150	150	0	0
第1期	150	50	100	100
第2期	150	0	150	50

て出てくることに変わりはありません。

4 外貨建て取引のケース

　ここまでのところでは，事業からの収益認識を，もっぱら自国通貨建ての取引を前提に検討してきました。これが**外国通貨建ての取引**になると，売上債権（代金請求権）の発生を認識してから，それを回収して自国通貨に換えるまでの間に生ずる為替レートの変動が，新たなリスク要因となって成果に影響を与えます。輸出でドル建ての売上債権を取得した後，仮にその回収と円転（円貨への転換）までに円高になれば，円の手取額が減

ってその分だけ損をするでしょう。たとえば1万ドルの売上債権を取得時に1ドル当たり100円の為替レートで換算すれば100万円ですが、回収までに円高が進んで95円になると手取り金は95万円になって、債権を保有している間に5万円の**為替差損**が生ずるというわけです。円安になれば反対に**為替差益**が生じます。

この売上債権の取得から回収までが同じ期間内に完結していればよいのですが、たとえば2期間にまたがっている場合、上記の為替差損5万円はどちらの期間の損失になるのでしょうか。売上債権を取得した期の期末時点では、回収時のレートがいくらになるかまだわかっていないのですから、これだけの情報で決めるとしたら、すべてが回収した期の損失になりそうですね。しかし、保有が2期間にわたっているのに、それに伴う損失はどちらか一方の期に生じているとみるのでしょうか。2期間に配分するとしたら、なにを基準にしたらよいでしょうか。回収が済んで為替差損が確定してからそれを期間配分するというなら、保有日数などを基準に割り振ればよいのかもしれませんが、それが確定していない段階ではどうすればよいと思いますか。

広く使われているのは、**取得日のレート**で円に換算された売上債権を、その期の**期末日レート**で**換算替え**する方法です。仮に期末日レートを97円とすると、取得時に1ドル当たり100円で換算された1万ドルの売上債権100万円は期末の換算替えで97万円になり、この切り下げに伴って3万円の損失が計上されることになります。次の期間には、この97万円の債権が回収されて95万円の現金に変わるのですから、そこで2万円の損失が計上されるでしょう。2期間を通算して5万円の為替差損は、3万円と2万円に分けられて2つの期に配分されるとい

うわけです。もし債権を取得した期の期末日レートが97円ではなく、逆に円安で102円になっていたら、その期には2万円の為替差益、回収した次期には7万円の差損が計上されることになります。

そこでは売上債権が外貨では1万ドルのままに固定されていても、邦貨による表示では為替レートの変動に伴って換算替えされており、お気づきと思いますが、その面に限れば換算が時価評価のようになっています。この売上債権は、事業のリスクからは解放されたキャッシュフローの同等物であり、もし当初から債権の額ではなく、その取引市場における時価で測定され、その金額で事業収益が認識されていれば、それ以降も金融投資として時価で測定されるかもしれません。通常はこれを保有して自ら回収する限り時価評価はしませんが、それでも為替レートの変動だけは債権の測定と利益認識に反映させるというわけです。現在の会計基準は、時価（公正価値）評価と切り離して、外貨建ての債権・債務をすべて期末日レートで換算替えして損益に反映させることにしています[5]。

ところで、上記のような為替レートの変動によって円貨での回収額が変動するリスクを**ヘッジ**（回避・軽減）するには、将来の通貨の受け渡しを契約する**先物取引**ないし**先渡し取引**を使う方法があります[6]。回収を予定するドルをあらかじめ先物で

---

5) 外貨建ての債権・債務については、換算以前の価値変動は無視して換算レートの変動だけが認識されます。いずれもその性格に関係なくすべて期末ごとに換算替えされ、換算差額はすべて純利益に反映されています（その他の包括利益〔OCI〕による処理はありません）。そのような基準に落ち着くまでには長い歴史がありますが、ここでは言及しません。

6) 先物と先渡しの違いについては詳しい説明を控えます。どちらも

売り，円を買う約束をすれば，その後に為替相場が変動しても円貨での手取り額には影響がないということです。仮に売上債権の回収日にドルと円を交換する取引を，その取得日に契約する**先物レート**が98円だとしてみましょう。債権の取得と同時に，回収予定の1万ドル全額を先物で売れば，回収時における円の手取り額は98万円で確定します。この先物によるヘッジをしなかったとき，つまり即座（2営業日以内）に通貨を受け渡す**直物取引**だけの為替差損は5万円でしたが，ここではそれが2万円に抑えられているわけです[7]。

このような外貨建て取引のリスク・ヘッジを会計情報に反映させるには，ヘッジされる側の直物為替が直物レートで換算替えされるこのケースなら，ヘッジする側の先物為替も同じように先物レートで換算替えします。上記で債権の回収日にドルを売る取引を，その取得日に予約する先物レートを98円と仮定しましたが，同じ日の同じ取引を期末日に予約する先物レートを96円としてみましょう。先物で1万ドルを売りましたから，期末日なら96万円のものをすでに98万円で売り，この期には2万円の利益が生じたことになります。直物の保有損失は3万円でしたが，先物売りのヘッジで損失は1万円に縮小しているわけです。次の期は直物の損失が2万円ですが，96円の先物が満期日には直物と同じ95円になりますので，その利益1万円で損失は1万円に減らされます。

将来に（この場合は外貨を）決められた価格で売買する契約です。為替予約と呼ばれているのは，現物決済を要する（差金決済のない）先渡し取引です。

7) 実際に外貨建て債権1万ドルの全額を先物で売るとは限りません。どの範囲のリスクをカバーするのが最適かは，別途に検討されるべき難しい問題です。

Memo 4-6

　上記の直物取引と先物取引の会計処理を，金利の要素は無視してもう少し詳しく示しておきます。

① 直物取引の処理

　売上債権を取得したときは，1万ドルをその時点の直物レート100円で換算：

　　売上債権　　1,000,000　／　売上収益　　1,000,000

　期末には期末日の直物レート97円でこれを換算替え：

　　為替差損　　　30,000　／　売上債権　　　30,000

　回収日にはその日の直物レート95円で円転：

　　為替差損　　　20,000　／　売上債権　　　20,000
　　現　　金　　 950,000　／　売上債権　　 950,000

② 先物取引の処理

　売上債権の取得と同時に，回収日のドル売りをその日の先物レート98円で予約：

　　特段の処理は不要（先物契約の価値は契約時にはゼロだから）

　期末には期末日の先物レート96円との差額にあたる資産と利益を計上：

　　為替予約　　　20,000　／　為替差益　　　20,000

　回収日にはその日の先物レート（満期なので直物レートと同じ）95円で清算：

　　為替予約　　　10,000　／　為替差益　　　10,000
　　現　　金　　　30,000　／　為替予約　　　30,000

　この現金3万円は，先物契約で確定しておいた現金収入98万円が，上記①末尾の仕訳にある，ヘッジをしないときの直物レートによる収入95万円を超える分です。まとめて，

　　現　　金　　 980,000　／　売上債権　　 950,000
　　　　　　　　　　　　　　　為替予約　　　30,000

としてみると，わかりやすいかもしれません。なお，①の為替差損を②の為替差益で相殺するのがヘッジ取引の効果ですが，ヘッジというのは成果の変動を減殺することなので，逆に利益を損失で相殺する結果になるケースもありえます。

　日本では売上債権を先物契約のレートで換算替えして繰り越

し，直物レートによる換算額との差額を為替差損益として期間配分する方法（振り当て処理）も使われますが，国際的には認められていません。利益の変動に対するリスク・ヘッジとしてはそれでよくても，売上債権の換算がヘッジ取引に左右され，将来の期間に配分される為替差損益が，資産や負債の要件を満たさないままバランスシートに計上されることになるからでしょう。また，為替差損益の期間配分を避けるため売上高まで先物レートで換算する場合には，ヘッジの有無によって売上収益も違ってしまいます。

5 金融投資とヘッジ取引

　上述した外貨建て取引のうち，外貨への投資にあたる部分に限れば，その会計ルールは金融投資の性質をもつ金融商品の取引一般にほぼそのまま当てはまります。第3章で述べたように，これらのケースでは保有する資産や負債を時価（公正価値）で測定するとともに，変動分をその期間の利益に反映させるわけですから，収益と費用とを別々に考える必要はなく，正味の損益だけをとらえることになります。その損益を**デリバティブ**でヘッジしているときは，ヘッジの対象である金融商品と手段であるデリバティブとを，いずれも公正価値測定して損益を認識すれば，両者の価値変動が相殺し合って，ヘッジの実態が利益に反映されることになるはずです。この**公正価値のヘッジ**は，後述するキャッシュフローのヘッジ（第7章）と違って公正価値会計の一種にすぎません[8]。

　念のため，前節のドル建て売上債権とドル売りの予約を，た

とえば現物有価証券とその先物売りに置き換えてみてください。現物が値下がりしてから，満期の等しい先物取引を契約し直せば，当初の契約時より低い価格でしか売れません。このときには，あらかじめ高く売っておいた分だけ先物契約の公正価値が上昇して評価益が生じます。値下がりした現物の評価損を，デリバティブの評価益が相殺して，損失を圧縮することになるわけです。逆に有価証券が値上がりしたときには，その時点で先物契約を再構築したときの価格より安く売っている分の評価損が，有価証券の値上がり益を相殺してしまいます。このように，公正価値の変動で成果が測られる投資のリスク・ヘッジは，ヘッジ取引といっても特別な手法は必要なく，公正価値会計で問題なく処理されるのです。

---

8) キャッシュフロー・ヘッジでは，ヘッジ手段の公正価値変動が純利益から除かれ，ヘッジの対象であるキャッシュフローが生ずるまで繰り延べられます。外貨建て債権・債務が外貨で公正価値評価されていなくても，その為替リスクをヘッジする取引が公正価値のヘッジに含められるのは，それが期末の為替レートに基づいて，その期に損益認識されるからです。ヘッジの対象に公正価値会計と同様の基準が適用される関係上，ヘッジの手段も同じように処理されるというわけです。

Discussion

[4-1] 販売収益の認識

航空会社が決算日をまたいで翌期に運航する便の予約を受け，代金は当期中に払い込まれたとします。これは当期の収益でしょうか，翌期の収益でしょうか。もし旅行代理店が同じ航空券を同じように販売したときはどうなるでしょうか。航空会社と旅行代理店とで，航空券を販売する取引の収益がどこでとらえられるかを比較検討し，それぞれの考え方を整理してください。

もし同じ取引が会社によって違う方法で処理されるのは正しくないという理由で，この2つのケースについても収益認識を一貫させるよう基準改訂の提案があったら，あなたはそれに賛成しますか。賛成ならどうすればそれが可能か，反対ならどうして両者が違ってもよいといえるか説明してください。

[4-2] 請負工事の収益認識

受注した長期請負工事の完成までに技術的なリスクがほとんどない場合と，一定以上のリスクがある場合を比較して，どのように販売収益を計上したらよいかを検討してください。はじめに以下の代替案，①契約をした時点で請負価格の全額を収益とする，②工事が進捗した分だけ請負価格を配分して計上する，③工事代金の一部を請求できる段階ごとにその分を収益に計上する，④工事の完成と引き渡しを待って確定した請求権の全額を計上する，のうち，販売の成果が確定して事業のリスクが消滅したといえる段階で事業収益をとらえるのにどれが適しているかを検討し，ほかによい方法はないかを考えてみましょう。

他方，資産・負債の評価から収益を導くうえで，⑤未完成工事を完成させるのに必要な今後の負担（履行義務の価値）を見積り，その残高が減った分でその期の収益を測るというアイディアにつ

いても，その可能性と問題点をあらためて検討してください。

[4-3] 海上運送の収益認識

　工事収益ほど稼得のプロセスが長期間にわたらないケースを考えます。海運会社が収益を計上するには，①荷主との間で運送契約を結んだとき，②委託された荷物を積み込んで出帆したとき，③出帆後，目的地に向かって航行した分だけ，④荷物を目的地まで運んで下ろしたとき，⑤運送代金を請求したとき，などの基準が考えられますが，あなたはどれを選びますか。リスクの高い海域を通るかどうかで，結論は影響を受けますか。その結論と，[4-2] について考えた結果との関係はどうなりますか。

[4-4] 定額積み立てと組み合わせた商品券

　あるデパートでは，顧客が毎月一定額を 12 か月間積み立てると，1 か月分のボーナスを加算した商品券を受け取れる制度を設けています。ただし，この商品券は当該デパートの本支店でしか使えません。この制度が使われたときの売上収益は，どの時点で認識したらよいでしょうか。ボーナス分の損失（費用）との対応はどう考えたらよいですか。

[4-5] 外貨建て取引の成果

　原材料など生産要素の一部を海外で調達し，製品を輸出している企業を考えてください。製品の売上収益も生産要素の調達コストも，いずれも取引時点の為替レートで換算されており，代金決済時の為替レートとの差額は為替差損益として営業外の項目になっています。しかし，この換算額に基づいて計算された営業利益にも為替差損益が混入し，外貨ベースでの営業成果を歪めているのではないかという疑問が，社内の会議で誰かから出されたとしましょう。あなたが経理担当者だったら，どのように回答しますか。

[4-6] 外貨建て売上債権の回収

　商品を販売した対価がドル建ての債権（1万ドル）で，回収日は翌年度になるものとします。為替（直物）レートは債権取得日が1ドルにつき103円，期末日が100円，回収日が98円であったとしましょう。この為替差損5万円＝（103−98）円×1万を，通常は期末日のレート100円を用いて当期と翌期に配分します。その結果が翌期に為替差損が確定するのを待って日割りで配分したときと違っても，気にせずにそのまま放置してかまいませんか。

[4-7] 外貨の先物（先渡し）取引

　[4-6]のドル建て債権を取得したあと，回収日に合わせて1万ドルを1ドル102円のレートで売る先物（先渡し）契約を結んでいたとします。この契約が債権の取得と同時である場合とそれより遅れた場合とで，何か違いが生じますか。また，これと満期の等しい先物レートが期末時点で101円になっていたときはどうしたらよいですか。

[4-8] ヘッジと投機

　[4-7]のような為替リスクを回避するヘッジ取引は，回収日の直物レートが102円を超えてドル高になると，この取引をしなければ得られたはずの利益を失う結果になります。それは経営者の責任に帰すべき投機の失敗であり，直物為替のリスク・ヘッジとして経常利益に反映させるのでなく，切り離したうえ臨時損失として処理すべきだという主張に，あなたは賛成ですか反対ですか。

第 **5** 章

費用の認識と配分

Contents

1 収益と費用の対応
2 資産原価と費用配分
3 回収不能額の切り下げ
4 リース取引の売買処理
5 無形資産と費用認識

1 収益と費用の対応

第4章では，投資の成果である利益を測定するうえで，キャッシュフローとして実現した収益と，その原因となった費用とを総額で**対応**させる企業会計のルールに着目し，まずは前者の収益が，どのようにして認識・測定されているのかを学びました。投資にあたって期待した不確定なキャッシュフローが，事実として確定することでリスクから解放される局面を収益の実現とみたうえで，それをとらえる具体的な基準をどこに求めるのかという話でした。事業投資に限れば，商品・製品やサービスなど，アウトプットの販売で収益の実現をとらえながら，取引上の義務の履行に伴って対価請求権のリスクが実質的に消滅し，キャッシュフローとして確定する過程を，顧客との契約の有無など，違った販売の形態にそくして考えるという問題でした。

それを受けてこの章では，実現した収益に対応する費用の認識と測定をみていくことにします。キャッシュフローを期待した投資の価値から，そのキャッシュフローが実現して分離したためにもはや将来の成果を期待できなくなった部分を取り崩して収益と対応させ，正味の利益を確定させる作業です。それはまた，実現したキャッシュフローによる**投資の回収**を跡づけるものともいえるでしょう。費用は回収された投資の価値ですから，収益がそれを超える分は投資を回収した余剰に相当します。投資の価値は期待キャッシュフローを資本コストで割り引いた額でしたから，その一部を切り出した費用も割引現在価値にな

っており，それを収益で回収した利益には，回収までの期間の資本コストにみあう**正常利潤**と**期待外の利潤**とが含まれます。ちょっと難しいでしょうか。

> **Memo 5-1**
>
> 　話を簡単にするため，当初の費用支出の全額が1期間で回収される極端なケースを考えましょう。たとえば期首に100（金額単位は省略）の投資をして，その期末に生ずる115の収益収入でこれを回収するとします。資本コスト（求められる利益率）は10％としてみます。いうまでもなく，この投資の成果である利益は，収益の115から費用の100を差し引いた15です。この利益15のうち，期首の費用支出100に資本コスト10％をかけた10は，この投資のいわば正常利潤です。
>
> 　ここで費用支出の100が正常利潤を加えた期待キャッシュフロー110を資本コストで割り引いた値だとすれば，この割り引いた分を元に戻した（つまり割り引く前の）正常利潤込みの費用110を，収益115から控除した5が期待外の超過利潤というわけです。利益が資本コストを下回れば，いうまでもなく超過利潤はマイナスです。会計上の利益には，（自己資金の）資本コストが含まれていることに注意してください。

　企業会計では，事業投資の性質をもつ資産が一般に公正価値で評価替えされることなく，とりあえず**取得原価**で繰り越されることになっています。もっと正確にいうと，前期から繰り越された分と当期に流入した分の取得原価が，当期に流出した分と期末に残った分とに配分され，期末残高が資産としてバランスシートで繰り越される仕組みになっています。当期に流出した部分は，他の資産の原価に振り替えられる部分を除いて当期の費用となり，損益計算書で当期の収益から控除されます。他の資産の原価とされた額については，再び当期の流出分と期末

図表5-1　事業用資産の原価配分

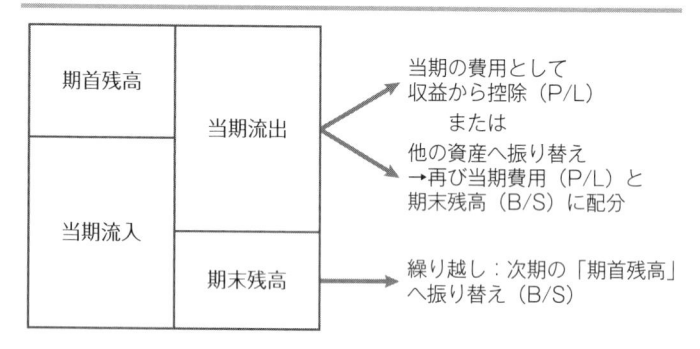

```
┌─────────┬─────────┐
│ 期首残高 │         │   当期の費用として
│         │ 当期流出 │→ 収益から控除（P/L）
│         │         │      または
├─────────┤         │   他の資産へ振り替え
│         │         │→ →再び当期費用（P/L）と
│ 当期流入 ├─────────┤     期末残高（B/S）に配分
│         │         │
│         │ 期末残高 │→ 繰り越し：次期の「期首残高」
│         │         │   へ振り替え（B/S）
└─────────┴─────────┘
```

残高とに振り分けられて同じ操作が繰り返されることになるわけです。事業用資産の測定と，その流出ないし使用に伴う発生費用の測定は，基本的にはこうした**原価配分**（**費用配分**）の仕組みによることになります（図表5-1）。

Memo 5-2

　上記では，保有資産の原価が販売や消費に伴って費用化される場合を念頭においていますが，それとは別に，労働用役をはじめ資産として認識されないさまざまなサービスの消費に伴う費用も出てきます。それらもまた経済財の消費に違いないのですが，ストックを識別できないので流入した分を期中の流出分と期末残高とに振り分ける作業はありません。しかし，これらについても対価は支払いますので，そのうちの消費分にあたる額が，消費時に費用化されるか他の資産の原価に算入されることになります。

　なお，資産やサービスの流出分が他の資産へ振り替えられるケースとは，たとえば工場で原材料や労働用役を消費したり，設備などを使ったりした分が仕掛品とか製品の原価となるような場合です。原材料費や労務費，設備の減価償却費などが仕掛品原価に振り替えられたうえ，それが製品になった分と残った分に配分され，製品原価に振り替えられた分はさらに売れた分

と売れ残った分とに配分されるというわけです。売れた製品の原価が，売上原価としてその期の費用となるのはいうまでもありません。

2 資産原価と費用配分

それでは，上述したような資産原価を配分する費用の認識と測定を，具体的にみていくことにしましょう。まず，流入から流出までの回転期間が短い棚卸資産（在庫品）のうち，商品・製品のようにそのまま販売され，流出した分がすべてその期の費用となる場合を考えますが，消費した分が他の資産の原価を構成する場合でも，基本的な仕組みは変わりません。棚卸資産は流出する単位ごとにモノ（物量）の流れを観察できますので，それによって取得に要した原価を**期間配分**していくことになります。原価はその財の取得にあたって投下したキャッシュの額ですから，財のフローにそくしてキャッシュフローを配分するというわけです。財の流出を期間ごとには観察できない後述の設備などに比べると，これは棚卸資産の原価配分にみられる大きな特徴です。

たとえば，灯油を仕入れて販売する小売業を考えます。期首にキロリットル（kl）当たりの単価が70千円の在庫20 kl を保有し，期中に単価72千円で110 kl と75千円で100 kl を仕入れて200 kl を売り，期末には30 kl の在庫を抱えていたとしましょう（図表5-2）。売れた分と売れ残った分はそれぞれいくらになるか，単純な計算をしてください。要するに，期首在庫と

図表5-2 灯油の原価配分

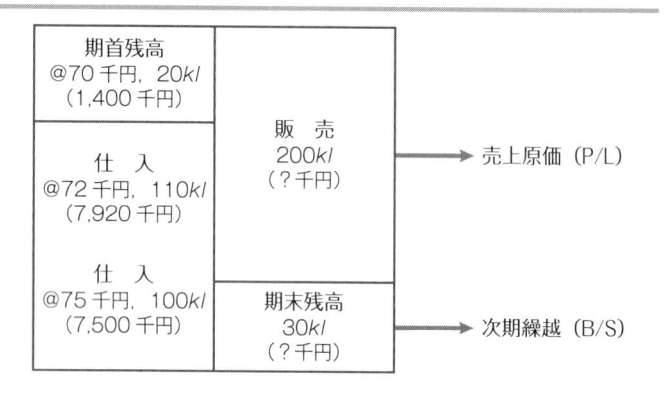

```
┌─────────────────┬─────────────────┐
│  期首残高        │                  │
│  @70千円, 20kl   │                  │
│  (1,400千円)     │                  │
│                  │   販 売          │
│                  │   200kl          │──→ 売上原価 (P/L)
│   仕 入          │   (?千円)        │
│  @72千円, 110kl  │                  │
│  (7,920千円)     │                  │
│                  ├─────────────────┤
│   仕 入          │                  │
│  @75千円, 100kl  │   期末残高       │──→ 次期繰越 (B/S)
│  (7,500千円)     │   30kl           │
│                  │   (?千円)        │
└─────────────────┴─────────────────┘
```

	売上原価 (P/L)	期末残高 (B/S)
平均原価法	14,626千円	2,194千円
先入先出法 (FIFO)	14,570	2,250
後入先出法 (LIFO)	14,700	2,120

当期仕入額の合計16,820千円を，当期売上分と期末在庫とにどう配分するかという問題です。売れた分（または売れ残った分）がいくらで仕入れたものか，それがわかっていれば，その単価に物量をかけるだけのことですが，仕入れと販売の取引が並行して無数に繰り返される実際のケースでは，そのような面倒なことをしているわけにもいかず，実益にも乏しいことが多いでしょう。

そのときは，流入した分の取得価額を流出分と残存分に割り当てる，なんらかの便宜的な手法を工夫しなければなりません。わかりやすいのは，流入分の平均単価でそれらを評価する方法ですが，単価だけを単純平均したのでは価格ごとの取引量が反映されません。そのため，購入したときの単価をそのときどきの購入量で加重平均した値を求め，それを流出した物量と期末

に残った物量とにそれぞれかけることにします。これが**平均原価法**と呼ばれるやり方です[1]。上記の数値例でいえば，期首残高の 70 千円×20 と，期中仕入れ分の 72 千円×110 と 75 千円×100 の合計 16,820 千円を，20＋110＋100＝230 で割った 1 キロリットル当たりの加重平均単価約 73.13 千円により，販売した 200 kl と期末に残った 30 kl を評価するわけです（結果は図表 5-2）。

このように，その期に売れた分と残った分の物量だけを期末に集計したうえで，仕入単価の平均値をそれぞれにかける原価配分の方法とは別に，仕入れた商品が仕入れた順に売り渡されると想定して，売れた分に古い単価から割り当てていくやり方も使われてきました。**先入先出法**（First-in First-out; FIFO）と呼ばれる方法です。実際の商品の流れがどうであれ，計算上は入ってきた順に出ていって，新しいものが残っているという仮定をおき，灯油などが同じタンクの中で混ざっていても，そんなことは無視します。上述した例でいえば，販売した 200 kl は，まず 20 kl が期首在庫（単価 70 千円）から，110 kl が先に仕入れた分（単価 72 千円）から，残り 70 kl は後に仕入れた分（単価 75 千円）から成るとみるのです。期末在庫 30 kl は後から仕入れた分の残りです。

広く使われているのは以上の 2 つです。基本的には，企業の実情に応じてどちらを選んでもかまいませんが，選んだ方法は継続適用することが求められます。ほかにもないわけではありませんが，ここでは先入先出法を逆転させた**後入先出法**（Last-

---

[1] 取引ごとの移動平均ではなく，1 期分をまとめる点で総平均法などと呼ばれているようです。

in First-out; LIFO）にふれておきます。後に仕入れた分から先に売れ，古いものが期末に残っていると想定する方法です。つまり販売した 200 kl は，まず 100 kl が後から仕入れた分，残り 100 kl が先に仕入れた分から成り，期末在庫は先に仕入れた分の残り 10 kl と期首在庫 20 kl から成ると考えるのです。対応する収益と費用をインフレ下でなるべく近い物価水準に揃える役割を果たしてきましたが，現在は国際基準に合わせて削除されています。古いものの取得原価を残す点で，資産の評価という観点にはなじみにくい方法です。

Memo 5-3

このほか，小売業のように商品の取引量が多く，受け払いの物量を把握するのにも手間がかかるところでは，期末在庫の棚卸しをしたうえで，その売価から逆算した取得原価を基に，期間中に流出した商品の原価を見積ることもあります。**売価還元棚卸法**などと呼ばれるやり方です。原価率の近い商品グループごとに，期末に残っている分の売価に原価率をかけて求めた期末在庫の原価を，期首残高と期中受け入れ分の原価合計から引いて，流出分の原価を決めるというものです。

次に，2期間以上にわたって使用される事業用固定資産の費用配分を考えます。土地は使用に伴って価値が減るというわけではないので，建物や設備，車両などを念頭においてください。これらはいずれ使えなくなって廃棄されますが，その用役の消費とそれに伴う価値の減耗は，廃棄する時点で一度に生ずるわけではないでしょう。使用している期間を通じて少しずつ，おおむね連続的に消費されているはずです。しかし，それでも物量には取得から廃棄まで目に見える変化は生じません。建物は

1棟，設備は1基，車両は1台のまま変わらないのです。そのため，棚卸資産のように，目にみえる財のフローに基づいて投下資金の額を期間配分することはできません。そこでは資産用役の消費と価値の減耗を，便宜的な仮定に基づいて擬制するしかないのです。

この便宜的な擬制による固定資産原価の期間配分は，一般に**減価償却**と呼ばれています。それを決めるには，配分される資産の原価に加えて，資産が使用される期間（**耐用年数**）と，その期間にわたる**価値減耗のパターン**を仮定しなければなりません。資産を取得したときに，いつ廃棄するかをとりあえず決めるのですが，**経済的な耐用期限**は，その資産が有する企業固有の価値のうち，無形ののれんに相当する部分（**第1章を参照**）が消滅するときです。つまり，その資産の価値が市場価格に等しくなるところまで低下して，事業に使い続けても換金してもどちらでも同じになるときでしょう。それは，企業ごとに異なる主観的な見積りにすぎません。そのため，通常は行政当局が一律に定めたガイドラインなどに依拠し，必要に応じて修正を加える方法が使われています。

Memo 5-4

固定資産の原価は取得時の公正価値といわれますが，付随費用をどこまで含めるかによっても異なります。据付費や試運転費などはともかく，引取運賃などを含めると立地による違いが大きく，資産の公正価値という概念からは離れてしまいます。しかし，たとえば引取運賃はかかっても他の経費が安上がりな工場立地を選んでいるときに，引取運賃だけを期間配分しないで支出時の費用とするのがよいとはいえないでしょう。そもそも，公正価値測定されない事業用資産について，取得時だけ公

図表5-3 減価償却と固定資産の簿価

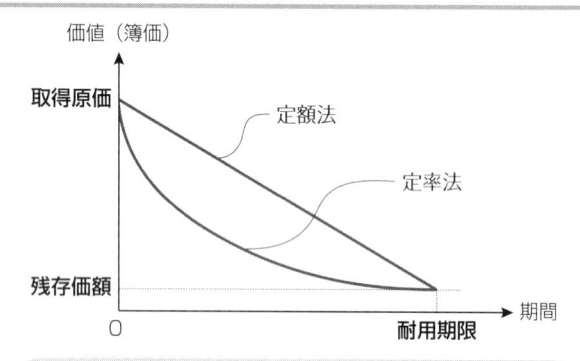

縦軸：価値（簿価）
横軸：期間

取得原価から耐用期限での残存価額へと向かう2本の線：定額法（直線）と定率法（曲線）。

右下へ向かう線（曲線の場合は接線）の傾きが，その期の減価償却の大きさを表し，横軸からその線までの高さが，過去の減価償却累計額を引いた資産の簿価になる。

正価値を問題とすることに意味があるとも思えません。

なお，経済的な耐用期限とは，パソコンの買い替えのように，物理的にはまだ使えても競争力の低下（陳腐化）で廃棄するときを意味します。それは他に投資しても資本コスト分の成果しか稼げない場合なら，その資産ののれん価値がゼロになるときですが，一般には保有資産ののれん価値が，代替的投資機会のそれを下回るときといったほうが正確です。その見積りに客観性は望めませんので，たとえば日本では課税所得の計算に使う法定の耐用年数を基本に，投資家向けの開示では個別企業の状況に応じて短縮するのを許容しています。

耐用年数が決まると，次の問題は価値減耗のパターンをどう想定するかです。図表5-3でいえば，資産取得時の取得原価（左上）と，耐用期限での残存価額（右下）とを結ぶ線をどのように引くのかということです。残存価値は耐用年数と同様，本来は企業ごとに違うはずですが，通常はこれもたとえば取得原

価の1割などといった一律の数字にしています。ゼロとかゼロに近い値にすることもあります。取得原価とこのターミナル・バリューとを結ぶのに、もっともよく使われるのはやはり直線です。人為的な擬制を設けて合意をするには、わかりやすいほどよいということでしょう。直線的に価値が下がっていくとするのは、毎期同額の価値減耗を想定するものでもありますから、これを**定額法**（定額償却）と呼んでいます。米国では**直線法**と呼ばれます。

この定額法は、耐用年数分の1という一定率を決めて、毎期それを取得原価にかけた額を償却していくものでもありますが、それに対して取得原価から過去の減価償却累計額を引いた正味の簿価に、定額法で使う耐用年数の逆数よりも大きな一定率をかけて償却するやり方もあります。**定率法**（定率償却）と呼ばれる方法で、図表5-3の原点に対して凸状の（膨らんだ）曲線のように、定額法に比べると早いうちに多くを償却して投資の回収を進める**加速償却**です。そこで使われる一定率の計算は別に難しくありませんが、そのような計算を厳密にやってみてもあまり意味はないので、米国などでは定額償却の償却率を倍にして償却後の資産簿価にかけていき、償却済みに近づいた頃に、定額償却へ切り替えて誤差を調整する方式も使われてきたようです（倍額逓減残高法）。

このように、定率法は耐用期間の初期に高い減価償却費を計上して資産の簿価を圧縮し、後にいくほどそのスピードを落とすやり方です。図表5-3の定率法の曲線に、接線を引いてその傾きを定額法の直線と比較してください。もちろん、耐用期間を通じた償却費の合計は定額法と変わりません。ただし、途中で資産を廃棄ないし売却処分すると、それまでの償却費の合計

図表 5-4　減価償却と資産の処分

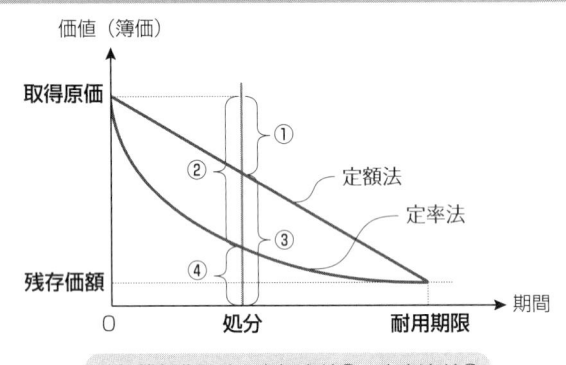

価値（簿価）

取得原価

残存価額

定額法
定率法

○　　処分　　耐用期限　期間

減価償却費累計：定額法が①，定率法が②
処分に伴う損失：定額法が③，定率法が④

は 2 つの方法の間で異なりますが，その場合でも残った資産の簿価が処分に伴って損失となるので，減価償却費に処分損失を加えた費用の総額に変わりはありません。図表 5-4 で確かめてください。処分時までの減価償却費累計は定額法が①，定率法が②です。他方，処分に伴う損失は定額法なら③，定率法なら④になります。①プラス③も，②プラス④も，どちらも取得原価に等しくなるのは一目瞭然です[2]。

> **Memo 5-5**
>
> 　固定資産については，財（のもたらす用役）のフローにそくした費用配分が困難といいましたが，実際にないわけではありません。自然資源のように財の総量と各期の消費量が観察できるケースでは，消費した比率を取得原価にかけて毎期の費用を

---

2) 廃棄処分は対価ゼロの売却処分ですが，代金収入があれば対価の額に加えられます。つまり処分損失から引かれます。その点はどの償却方法を使っていても同じですから，ここでの比較には影響を与えません。

決める**生産高比例法**という方法が使われます。航空機をはじめ，運転可能な時間の総量と実際の運転時間がわかるものも，この方法の適用を考えてよいケースです。

　また，資産の取得に要した支出額を将来の費用に配分する方法に対して，その取得額は資産の簿価として据え置き，部分的な取り替えをしたときに，それに要した支出をその期の費用としていく取替法と呼ばれる方法もあります。レールや電柱，架線など，数多くの同質的な単位から構成され，一部ずつ取り換えられていく固定的な資産に適用される方法です。棚卸資産の原価配分で説明した後入先出法と似通ったやり方です。

3　回収不能額の切り下げ

　前節では，事業用資産への投下資金が，どのようにして各期の費用に配分されるのかを説明しました。そうした費用配分により，毎期の収益で投下資金を回収した余剰としての利益が決まるというわけです。それはまた，投下資金のうち次期以降の費用に配分される額を，資産のストックとして繰り越す作業でもありました。この繰り越された資産原価が将来の収益で回収されればそれでよいのですが，問題は回収が困難と見込まれる場合です。成果を期待して資金を投下している以上，もはや成果を望めない部分までを会社の財産と呼べるのか，いずれ損失になることが見込まれている分を資産に含めたバランスシートが，会社の会計情報に期待されている役割を果たすことになるのか，それは古くから繰り返し問われてきた問題でした。

　当然ながら，これにも2通りの考え方がありえます。利益が

見込まれているケースでも実際に利益が生じたときにそれを認識する以上，マイナスの利益である損失が見込まれる場合も同じだろうという立場と，同じリスクでも下方リスクについてはより慎重な姿勢が必要であり，特に情報の少ない人々にとって，早期の認識が会計情報の有用性を高めるという立場です。後者はまた，資産の価値を測るという観点からも，価値の下がった事実を反映させる点で支持されるでしょう。どちらにも一面の真理がありそうですが，企業会計には伝統的に保守性とか慎重性といった価値観が求められてきました。経営者の受託責任がそうした観点に結びついたのかもしれませんが，そこでは回収を見込めない原価は繰り越さないというルールが定着してきました[3]。

そのため，たとえば商品・製品の期末在庫が，前節の方法で割り振られた原価をもはや回収できないほど値下がりしていて，通常の営業サイクルでそれを販売したときに損失が見込まれるようなケースでは，その原価を回収可能な金額まで引き下げて次期に繰り越すことが必要になります。前述の灯油の例でいえば，高値で仕入れながら暖冬で値崩れした在庫を，値下がりした後の価格で売るほかはないような状況を考えてみればよいでしょう。もちろん，短期間に回転する（流出する）在庫品でも，実際にそれがいくらで売れるかはわかりません。損が出ることは予想できても，いくらの損失になるかはやってみなければわからない話です。それでも，すぐに販売する在庫品については，

---

3) 投資原価の回収を望めなくなったというのは，もはや成果を生まないことが確定したという意味で，投資のリスクから解放されたともいえるでしょう。とすれば，その分は減価償却などと同様，費用として処理されるということになります。

現在（期末）の価格でとりあえず将来の販売価格を推定することにしています。

この期末の価格（時価）で推定された将来の販売価格と，前節の方法で期末在庫に割り振られた原価を比較して，前者が低い場合にそこまで在庫の評価額（原価）を切り下げるルールを，企業会計では**低価法**とか**低価基準**と呼んでいます。要するに，原価と時価のどちらか低い価格で評価してバランスシートに計上し，時価のほうが低くて原価を切り下げた分は，その期の損失として利益から差し引くというやり方です。それによって，資産原価のうち，もはや回収を見込めない部分を将来に繰り越すことなく，現在の利益に負担させて償却するというわけです。資産評価の面からいうと，下方への価格変動だけに注目する点で時価評価よりは原価評価に近い基準です。この方法は，商品・製品をはじめ原材料や仕掛品などの棚卸資産（在庫品）に広く適用されています。

他方，土地や建物・設備など，長期性の固定資産についてはどうでしょうか。これらは基本的に取得原価（マイナス減価償却）で評価されて繰り越されますが，**収益性の低下**に伴って原価を回収できなくなることがないとはいえません。予想される将来のキャッシュフローでもはや回収を見込めなくなった原価は，棚卸資産のケースと同様，この場合にもバランスシートに計上して繰り越すわけにはいかないでしょう。ならば棚卸資産のように，期末の時価が原価より低ければ，そこまで簿価を切り下げる低価基準を適用すればよいということになるかもしれませんが，短期間の営業サイクルで，そのまま（あるいは製品に変換して）販売される棚卸資産のように，現在の時価で将来の回収可能額を推定する意味があるかどうかはよく考えてみな

ければなりません。

　そもそも事業目的で保有する長期性の資産は，仮に時価がわかるとしても，その価格で売却されるというわけではありません。それを使って作り出す製品などのアウトプットを販売したキャッシュフローの期待価値が，その資産を時価で処分して得られる現金収入を下回らない限り，事業用資産は売らずに使い続けられます。売却することに決めた場合はともかく，売らずに使うものを時価まで切り下げて将来に繰り越す特段の理由はありません。時価で売却処分するよりも，もっと多くのキャッシュを回収できると見込まれているからです。したがって，こうした事業用の長期性資産については，収益性の低下によって原価（から減価償却を引いた簿価）の回収が見込めなくなった場合，**回収可能額**を別途に推定してそこまで評価を引き下げるしかありません。

　この収益性の低下に伴う固定資産原価の切り下げは，棚卸資産の低価評価から区別して，特に**減損**処理と呼ばれています。回収不能な原価の繰り越しを避けるという点は同じですが，短期に回収を予定する資産の原価を機械的に時価へ切り下げる低価評価と異なり，長期性資産の収益性低下を認識する減損処理は，はるかに多くの判断を必要とするだけに，それを回避したり逆に濫用したりする操作の余地が大きく，規制する会計基準にも難しい問題を投げかけています。資産の簿価切り下げに伴う損失は，切り下げがなければ将来の期間に負担する減価償却費などを先取りするものですが，それを避けようとすれば損失の先送りになりかねず，過度にやれば将来に利益を先送りしてＶ字回復に見せかけるような操作（**ビッグ・バス**）にもなるというわけです。

いずれにせよ減損については，売却処分を決めた資産を除き，時価のような目に見える代理指標がないまま，使い続けた場合に回収できる額を推定せざるをえません。そのためには，将来のキャッシュフローを見積って，現在価値に割り引いてやる必要があります。しかし，契約で決まっているわけでもない将来の営業成果を見積るのも，それを現在に割り引く利子率を決めるのも，もっぱら情報を開示する側の主観に依存する行為であって，外部から合理性を確かめることは基本的に困難です。それでも，長期性資産の原価が回収を見込めないという例外的な状況では，客観性に欠けても企業の内部情報を開示することが優先されているのでしょう。その観点からは，コストの高い減損の手続きを軽々に強いることがないよう，一定の兆候を待って適用を検討する仕組みになっています。

> **Memo 5-6**
> 　減損の測定がこうした主観的な性格を免れない以上，そのルールを詳しく説明しても，実務はともかく考え方の理解にどこまで役立つか疑問ですが，とりあえず現行の基準では，売却による正味の回収額と，使用による回収額の割引現在価値との，いずれか高い額を回収可能額としています。ただし，収益性が低下した兆候がないのにこの推定を毎期のように繰り返すのは大変ですので，日本や米国の基準では一定の兆候がある場合に限り，将来のキャッシュフローを見積って割引前の総額を資産の簿価と比較し，それを下回るときに減損を認識することにしています。認識するときは上記の回収可能額まで簿価を切り下げ，切り下げ額を**減損損失**としてその期の利益から差し引きます。

また，投資原価の回収といっても，建物や設備といった個々

の資産が，それぞれ独立に成果を生むわけではありません。そのため，それらを**キャッシュフロー生成の単位**（資金生成単位）にグループ分けして，将来の成果を見積ります。グループが大きすぎると，低下したある資産の期待収益が他の資産の収益で補われ，生じている減損が認識されないことにもなります。あるグループで回収不能になった投資原価は，他のグループにそれを補う収益性があっても切り下げねばなりませんが，いわば上下対称な時価（公正価値）評価と違って，下方リスクだけに注目する減損処理では，それらを1つにまとめてしまうと，収益性が平均化されて減損に至らないこともあるというわけです。資金生成単位の決め方で，減損の有無が影響されることに注意が必要です。

Memo 5-7

長期性資産の減損について，上記では事業用の実物資産を中心に説明しましたが，金融資産でも公正価値会計（時価ないし公正価値で測定し，差額をその期の損益に含める方法）が適用されないものは減損の対象になります。満期保有債券や貸付金を減損させる必要が生じたときは，将来のキャッシュフローを見積り直したうえ，それを割り引いた現在価値まで評価を切り下げます。割引率は，減損の生じた時点のものでなく，取得時の実効金利が使われます。債券（債権）の価値は市場金利の変動するリスクと支払不能（デフォルト）に陥るリスクの双方に影響されますが，約定されている金利のキャッシュフローを目的とした投資なので後者のリスクだけに着目するわけです。

4 リース取引の売買処理

　この章でみてきたように、事業用資産の評価（測定）は、利益を測定するうえで収益に対応させられる費用の期間配分に直結するものでした。そこで取り上げた資産は、事業の主体である企業が直接に支配するモノ、つまり排他的な使用・収益と処分の権利を有する所有物件をさしあたって念頭においたものでしたが、所有権のないケースでも、実質的に企業が支配すると認められるものは資産に含めて認識・測定し、その額を費用に配分するのが企業会計のルールです。なかでも重要なのは**リース契約**で調達した資産です。船舶や航空機をはじめ、工場やオフィス・店舗の設備などには、自己所有ではなく賃借しているものも少なくありません。しかし賃借でも、その物件の保有に伴うリスクと便益が、所有する場合と実質的に異ならないものもありえます。

　その典型が**ファイナンス・リース**と呼ばれる取引です。これは、契約期間が当該物件を取得した場合に要するコストをほぼ回収するとみられる（平均的な）長さに及び、途中で契約を解除できないか、解除しても借り手の負担が実質的に変わらない賃借（リース）の形態です。この場合の借り手は、物件の経済価値をほぼ使い切って便益をフルに享受するとともに、毎期のリース料によってそのコストを実質的にすべて負担する立場になります。物件の所有権こそ貸し手の側にありますが、実質的にみれば、借り手が借金をして物件を購入し、その所有権を取得している場合とほとんど変わらないというわけです。そうなると、

所有権の有無という法的な差異を理由にこれをバランスシートから除くのは、取引の経済的な同質性を無視することになりかねません。

> **Memo 5-8**
> 典型的なファイナンス・リース取引では、たとえば設備を借り手企業がメーカーに発注して取得し、代金はリース会社に払ってもらいます。設備の所有権はリース会社に帰属しますが、借り手は契約期間にわたって設備を使い続ける一方、その代金と利子を、通常は毎期一定のリース料としてリース会社に支払います。この取引は、借り手企業がリース会社から借金をして設備を購入し、それを担保に差し入れ、借りたお金と利子を元利定額返済方式で返していくのと、経済的実質は同じだといわれています。もちろん、本当に同じならリース産業は存立しませんが、会計処理を違えるほどの差異かどうかという話です。

ある時期までの会計基準は、カネを借りればそれを資産に含めて同時に負債を認識する一方、モノを借りてそれをカネや別のモノに変えずにそのまま返すときは、借りた物件を資産に含めることなく、支払った賃借料だけを費用として処理する方式をとってきました。しかし現在は上述の観点から、実質が購入と変わらないリース物件を資産として認識するとともに、将来にわたってリース料を払い続ける義務を負債として計上する方式に変えています。**賃貸借処理**から**売買処理**に、オフバランス処理からオンバランス処理に変わったというわけです。資産と負債が両建てされて、バランスシートのサイズがそれだけ大きくなる一方、負債が増加する結果、株主の資本（自己資本）に対する負債の比率が上がって財務リスクが高くみられることにもなります。

ここで認識される資産（**リース資産**）は，リース物件ないしその用役を将来にわたって使用する権利といったものでしょう。この額は，約定された将来のリース料（通常は毎期均等額）を，所定の利子率で契約時点まで割り引いた**リース負債**と同じ大きさに決められます[4]。これが自己所有の固定資産と同じく，償却や減損を通じて将来の費用に配分されていくのです。その一方，負債については，毎期のリース料によって利払いと元本の返済が進められる形になります。支払われたリース料のうち，期首の負債残高に利子率をかけた額が利息費用とされ，残りが元本の返済とされて負債の減額に充てられていくことになるわけです。リース料が毎期一定だとすると，元本の返済がまだ進んでいない早い時期ほど利息費用の部分が大きくなることを，**Memo 5-9** の数値例で確かめてください。

> **Memo 5-9**
> 　たとえば10年間にわたり，毎年100（金額単位は省略）のリース料を支払う契約を想定してみます。利子を無視した場合は，総額1,000のリース資産とリース負債をそれぞれ計上することになります。リース料100の支払いは，利子を無視する限り全額がリース負債の減額に充てられます。リース物件にかかる毎年の費用はとりあえず減価償却費だけであり，耐用年数が契約期間と同じなら定額償却では毎年100，リース会社に支払うリース料100と一致します。

---

[4]　ここで使われる利子率は，毎期のリース料の契約日における現在価値を，リース物件の公正価値と等しくする計算利子率（内部収益率）です。それにより，当該リース契約の資産と負債が，当初時点で同額に決められるわけです。細かなことをいえば，リース資産にはリース負債の額にさらに加算される要素がありますが，単純化のためここではそれを無視します。

しかし，利子を考慮したときは，リース契約時の資産と負債はリース料の総額でなくその現在価値になります。仮に利子率を5%とすると約772です。リース資産の減価償却費は毎年約77です（772÷10）。他方，リース負債の利子は，第1年度が約39（772×0.05），したがってリース料100の残り約61が負債の減額として処理されます。第2年度は期首の負債残高が約711（772－61）ですから，利子はその5%にあたる約36へと逓減していくわけです。

　毎年の費用は，こうしたオンバランス処理をしなければリース料の100です。それに対して，リース資産を計上する上記のやり方では減価償却費と利息費用の合計になりますから，第1年度が約116（77＋39），第2年度が約113（77＋36）となって，利息費用が最初は大きく，その後は逓減していくのに応じたトップ・ヘビー（前倒し）の配分パターンをとることになります。ただし，減価償却を定額法によらずに，リース料から利息費用を引いた額にすれば，当然ながら費用の合計はリース料と同じになります。

　ところで，上記ではリース取引のなかでも実質的には売買に近いファイナンス・リースを取り上げました。それは解約不能な契約期間が十分に長く，リース物件の保有にかかるリスクを，借り手側が実質的にすべて負担するようなケースでした。しかし，契約期間がもっと短く，経済的な耐用年数の一部にしか及ばないリース（**オペレーティング・リース**）でも，中途で解約できないものであれば，その期間だけとはいえリース物件の用役を排他的に使用する権利とコストを負担する義務は，ファイナンス・リースと異ならないとみることもできそうです。この場合にも，契約期間のリース料を現在価値に割り引いて資産と負債に両建てしたうえ，上記と同じような処理をすることが可能です。現代の会計基準は，オペレーティング・リースにも売買処

理を適用する方向に進んでいます。

　また，ここまではリース取引の会計問題のうち，借り手側が所有権のないリース物件を買ったものとする擬制に着目してきましたが，その場合には貸し手側でも，所有権のある物件をすでに売ったものとする擬制が必要になります。借り手側での処理が資産・負債のオンバランス化と費用認識であるのに対して，貸し手側の処理は資産のオフバランス化と収益認識という，むしろ**第4章**の範囲に属する問題です。そこではリース物件の資産認識が中止され，他方でリース債権が（物件の残存価額を無視すれば）契約期間にわたるリース料を利子率で割り引いた現在価値で計上されます。年々のリース料収入は，リース債権残高にこの利子率をかけた利息収入の分と，債権元本の回収にあたる分とに割り振られ，前者によって収益が認識されることになるわけです。

> **Memo 5-10**
>
> 　リース取引の話題で，**セール・アンド・リースバック**というものがあります。所有資産を売却する一方，リースでそのまま借り続ける契約です。累積した損失を，簿価より時価が高い固定資産を売った利益で埋め合わせ，しかもその資産を従来どおり事業に使うというときには便利な工夫です。しかし，これがファイナンス・リース取引に該当すれば，現在の会計基準では売却益を繰り延べ，リース期間にわたって償却することになっていますので，利益の操作には一定の歯止めが働きます。

5 無形資産と費用認識

　保有する事業用実物資産の認識・測定と費用への配分は，自己所有かリースかの違いはあっても基本的には上述したとおりですが，もう1つ，**無形資産**の形成と費用認識との関係にも簡単にふれておく必要があるでしょう。これも何度か述べたように，一般に財やサービスを消費した分は，その取得に要した対価の額が，消費した期間の費用とされるか，さもなければそれによって形成された資産の原価に振り替えられて，将来の期間の費用に配分されています。しかし，結果として費用の繰り延べを伴うそうした資産への振り替えは，有形資産の形成にあたるケースがほとんどです。研究開発や広告宣伝など，資産性を確かめにくい無形資産の形成に寄与する費用支出については，すべてその期の費用として処理するのが従来の支配的なルールでした[5]。

　しかし，発生した費用でも将来に経済的便益をもたらすとみられるもの（将来の収益に貢献すると期待されるもの）は，資産として繰り越したうえ，その便益の流入に合わせて費用化しないと有用な利益情報が得られないという意見も聞かれます。また，繰り越した場合でも，無形の資産を原価のまま据え置いて

---

5) ただし，ある時期までの日本基準は，発生費用のうち将来の収益に貢献するとみられる部分を繰延資産として繰り越せるケースを限定列挙して認めていました。現在でもその一部は残っています。米国でも，鉱物資源やソフトウェアなどについては，開発経費の一部を繰り延べたり，価値を評価して資産を計上したりする方法が，厳格な制限のもとで工夫されてきました。

費用化するか，公正価値で評価替えするかの争いもあります。特に**開発費**については，発生時にすべて費用化して利益から控除する日米の基準と，一定の（限られた）条件を満たすものを資産として繰り越す国際基準との違いが残っています。有形資産でも無形資産でも，事業投資のストックを構成する要素に変わりはありませんが，企業固有の価値はあっても目にみえない無形資産への費用支出は，それだけ将来の成果との対応を期待するのが難しいということでしょう。

それに加えて最近では，費用支出の期間配分とは違う観点から，**ブランド価値**をはじめ従来は簿外の「のれん」と一括されてきた無形資産を可能な限り切り離して識別し，その公正価値をバランスシートに計上しようという傾向が強くなっています。特に企業結合の会計基準で，買収価格に影響した諸要因を開示させるのに**イン・プロセスの**（まだ中途の段階にある）**研究開発費**などについても資産認識を要求したことで，それを継続企業でも首尾一貫させようという流れになっていることは否定できません。資本市場の価格形成における投資家の評価と，それに必要な情報を開示する会計上の評価の関係を，あらためて考えるべき問題かもしれません。**第1章**で述べましたが，会計情報は企業価値を投資家に代わって評価するものではありません。無形資産の認識でもそれは同じです。

Discussion

[5-1] 棚卸資産（在庫品）評価と費用配分
　事業用資産の取得原価は，それを使用ないし保有した期間の費用に配分されて，各期の利益に負担させられます。実物の流入と流出を観察できる棚卸資産の場合は，想定された物量の流れを基に原価が配分されますが，それは期末に保有する在庫を期末の時価で評価し，期首在庫の額に期中の取得額を加えた合計から引いた分をその期の費用とする方法に比べて，どのような意義と限界をもつと思いますか。

[5-2] 固定資産（資本設備）の減価償却
　固定資産の減価償却は，その使用に伴う価値減耗を測るといわれながら，実際には便宜的な方法で投資原価を期間配分しているにすぎません。それでは投資家の企業価値評価に役立たないから，もうやめたほうがよいと誰かが言い出したとします。どうやらその人は，固定資産の価値を専門家に鑑定評価させれば，その評価額の変動によって直接に価値減耗を測ることができるのではと考えている様子です。会計士の仕事がなくなるという心配は別にして，会計情報の役割にてらしてこの考えを検討してください。

[5-3] 所有資産とリース資産のコスト
　有利子負債で資金を調達して資本設備を取得した場合，その保有に伴う毎期のコストは減価償却費に利息費用を加えた額になります。他方，ファイナンス・リース契約によってそれを調達しても，設備のコストにあたる毎期定額のリース料は減価償却費と利息費用の合計になっているはずです。購入とリースで，同じ費用が各期に違って配分される心配はないですか。違ってもかまいませんか。揃えるとしたら，どうすればよいでしょうか。

[5-4] 代替的な費用配分のルール

　在庫品の評価にも，資本設備の減価償却にも，いくつかの代替的なルールからの選択が認められています。なぜでしょうか。どれもが慣行的・便宜的で，1つに絞れないからですか。情報開示をする側に複数のルールからの選択を認めることが，よい結果を生むということはないのでしょうか。昔から論争が繰り返されてきた点ですが，あらためてその意味と問題点を考え直してみてください。

[5-5] 長期性資産の減損

　棚卸資産の低価評価と違って，長期性資産の減損ではなぜ時価でなく回収可能額を使うのでしょうか。時価があるケースで時価まで切り下げたときと比較して，それはその後の利益にどのような違いをもたらすでしょうか。

　ちなみに資産の減損は，収益性の低下によって，簿価がそこから先のキャッシュフローで回収できなくなった状態だといわれますが，減価償却による規則的な費用配分に比べて収益が早い期間に集中し，現在の簿価をこれから回収するのは難しくても，すでに回収済みの分を合わせて当初投資額の回収には問題がないようなケースはどうしますか。

[5-6] 回収可能額の割引現在価値

　減損の測定値を決める回収可能額は，見積り直した将来のキャッシュフローを現在に割り引いたものですが，そこで用いられる割引率は，事業用資産のケースでは測定時点の利子率とされています。それに対して不良化した債権の減損を測るときは，測定時でなく当初の実効利率が用いられてきました。なぜそのような違いが生じたのかを考えて，その合理性を再検討してください。

[5-7] 不良債権の減損

　金融機関の保有する貸付債権の償還と金利の収入が，約定した期日よりも遅れることが判明したとします。それらが支払不能になる懸念まではないと予測する人たちは，債権を簿価のままで繰り越せばよいと主張しています。その一方，債権回収業者に引き取ってもらうとしたときの価格に詳しい人たちは，その価格まで切り下げようと主張して互いに譲りません。会計の専門家になったつもりでアドバイスをしてください。

[5-8] 有税償却と税効果

　B銀行がA社に対する1億円の貸付債権を，回収不能とみて償却するとします。しかし税務上この損金控除は認められず，B銀行は損失を計上しながら税金（35％，3.5千万円とします）を支払うことになったとしましょう。その後，A社が倒産して損金控除が認められたときには，損失を計上しないのに税金が節約されることから，B銀行はこれを税金の前払いと考え，債権の償却額1億円のうち3.5千万円を，いわば国に対する債権（繰延税金資産）に振り替えて，残りの6.5千万円だけを本年度の損失としました。どう考えますか。

[5-9] 無形資産の認識と測定

　無形資産を認識する場合，資産の要件となる将来の便益（収益への貢献）をどのような基準でとらえたらよいでしょうか。どのような無形資産なら認識と測定が可能でしょうか。それを認識したときの費用配分の合理性とあわせて検討してください。

第 **6** 章

負債の認識と測定

---- Contents

1 負債の変動と収益・費用
2 金融負債の測定と損益認識
3 退職給付の債務と費用
4 資産除去の債務と費用
5 偶発損失と引当金

1 負債の変動と収益・費用

　これまでの各章では，利益の測定における収益認識および費用配分を，主として資産の認識や評価（測定）との関係でみてきましたが，この章では，それが負債の認識・測定にかかわるケースを取り上げます。資産の額の正味の増加が収益認識を，また正味の減少が費用認識をもたらしたのと対照的に，負債の額の正味の増加は費用の認識に，また正味の減少は収益の認識に結びつくのが企業会計の仕組みです[1]。もちろん，資産と同じく負債でも，その変動分が収益や費用としてではなく，両者の対応によらない純額の利益や損失として処理されることもあります。しかし，いずれにせよ収益や費用（ないし利益）の認識にとって，資産・負債の変動が必要条件となることは**第2章**で説明したとおりです。それは，資産か負債の変動がないと出てこないのです。

　企業会計でいう**負債**にはいろいろなものがありますが，資産の場合と同様，とりあえずその概念は「過去の取引または事象の結果として，報告主体が支配している経済的資源を放棄もしくは引き渡す義務，またはその同等物」（ASBJ概念フレームワーク討議資料；**Memo 2-7**）といった定義を念頭におけばよいで

---

[1] ここでいう「正味の」増減とは，資産または負債の増加・減少をその対価（もしあれば）と相殺した差額を意味します。同じ額だけ純資産を変動させる事象です。もし負債の増減が資産の増減や他の負債の増減で相殺されてしまえば，資本取引のケースを除いて純資産は変動しませんから，収益や費用との関係を問われることはありません。資産の増減でも同じでした。

しょう。代表的なのは借入金とか社債，あるいは**第5章**のリース負債などの**金融負債**ですが，将来に予想される従業員退職給付や設備の除却コスト，さらには損害賠償をはじめとする偶発的な損失などに引き当てた**非金融負債**もこの定義に当てはまります。後者の非金融負債は将来の費用支出を見越して現在の収益に対応させる費用配分の結果とされてきましたが，最近は因果を逆転させ，この負債を認識した結果としてその増分にあたる費用を計上するのだといわれています。

　しかし，**第5章**でみた資産と費用の関係がそうだったように，負債と費用の関係についても，型どおりの資産・負債アプローチをあてはめて画一的にルールを決めるのは容易ではありません。仮にできたとしても，必ずしも意味があるとは限りません。資産についても，期首と期末におけるストックの価値評価によって，その期の費用が決まるものばかりではありませんでした。棚卸資産の原価配分や固定資産の減価償却のように，事業用の資産では，価値の評価がしばしば費用の期間配分に依存していました。金融資産でも事業投資の性質をもつものは，価値の変動分がそのまま純利益に影響するとは限りません。その点は，負債にも基本的に共通です。金融負債か非金融負債かを問わず，事業に結びついたものは同じです。それを確かめながら負債の認識と測定をみていきます。

2 金融負債の測定と損益認識

　金融資産と同じく，金融負債も基本的には契約当事者となったときにバランスシートで認識され，契約上の権利・義務（負

債ならば義務)が消滅したときに認識が中止されます。つまりバランスシートから除かれます。ただ,これも金融資産と同様,**オフバランス化**は財務指標の改善などを目的とした操作に利用されやすく,実務上も難しい問題が山積する先端領域になっています。一般にはそれを弁済するか法的免除を受けることで,債務者としての第一次的責任から解放されたときに認識を中止するのですが,たとえば満期までの利息と元本にあたるキャッシュを信託してその支払いを依頼するデット・アサンプションのように,実質的には弁済が済んでいても,法的義務が免除されていないため国際的にはオフバランス化が認められないといった例もあるようです[2]。

　金融負債の測定は,**第3章3～4節**にみた金融資産と基本的には共通しています。両者は金融商品としてしばしば一括され,どちらにも価格変動の利益を狙った金融投資の部分と,事業成果を狙った事業投資の部分とがあります。公正価値測定に,意味がある部分とない部分とがあるわけです。ただ,負債の側では金融投資の性質をもつものが相対的に限られ,事業の資金を調達する役割を担ったものが多くを占めています。もし市場金利が上昇して負債の時価が下がり,買入償還をすれば利益が期待できる場合でも,それでまかなわれている事業の清算とセットでなければ,よほど現金が余っているのでない限り,償還資金は負債の借り換えで調達するしかありません。仮に負債を公正価値で評価しても,評価益は借り換えたとしたときの高い金

---

[2] 金融資産のケース(**第3章2節**)でも気づかれたと思いますが,オフバランス化(認識の中止)については,法的な要件がしばしば経済的な実質以上に重視されています。リース契約などのオンバランス化でいわれた実質優先原則とは対照的です。

利負担で相殺されてしまいます[3]。

 そのため，一般に金融負債は，当初に受け入れた現金の額（それは将来に支払うことを約束した額の割引現在価値でもあります）で計上されたうえ，その後は毎期，割り引いた金利を割り戻していく**償却原価法**で測定されてきました。割り戻した分だけ負債の簿価を切り上げ，同額をその期の金利費用に加えるのです[4]。金融資産でも金融投資に該当しない債券（債権）を償却原価法で測定していたのと基本的に同じです。決済までの期間が短く，割り引く実益がないときは，契約上の元本額で繰り越されます。もちろん，金融負債でも金融投資の性質を有するものは，公正価値（時価）で測定されるとともに差額がその期の損益とされ，特にデリバティブの測定と損益認識は例外的な場合を除いてすべて公正価値によることになっています。それも金融資産と同じです。

Memo 6-1

　ここで，**第3章で先送りした償却原価による測定と損益認識**の説明をしておきます。金融資産にも金融負債にも共通の手法ですが，ここでは負債の例を使います。償却は利息法というやり方に従います。

---

3) その前に，社債の公正価値が現在の市場価格だとして，その価格で発行分をすべて買入償還できるという前提が成立しないでしょう。資産として保有する社債なら，全部を売っても流通量のごく一部にすぎませんから，所与の価格での処分を想定できるとしても，負債の償還では自社の発行社債すべてを買うわけですから，それが価格に影響しないわけはありません。

4) 支払われる利息が資本コストよりも高い負債なら割引現在価値は満期償還額より高くなりますが，その場合は毎期の割り戻し分だけ負債の簿価を切り下げて，その分を金利費用から控除することになります。

図表6-1 償却原価による金融負債の測定と利息費用

	期首の簿価	利息費用	利息支出	簿価の償却(調整)
第1期	9,907（発行価額）	495（9,907×0.05）	450	+45（495−450）
第2期	9,952（9,907+45）	498（9,952×0.05）	450	+48（498−450）

> 第1期首の発行価額は $450 \div (1+0.05) + 10,450 \div (1+0.05)^2 = 9,907$
> 第2期末の簿価は $9,952 + 48 = 10,000$ となって元本と一致する（単位千円）。

　いま，期首に額面10,000千円，利率4.5%，満期まで2年の社債を9,907千円で発行したとします。この金額は，1期目の利払い450千円と，2期目の利払いプラス償還支出合計10,450千円を発行時の市場利率5%で割り引いた現在価値にあたります。利息法はこの5%の利率で，図表6-1のように発行時のディスカウント93千円を償却し，満期である第2期末の負債簿価を契約元本に一致させる方法です。各期の償却額（簿価の調整額）を利払いの額に加えたのが，その期の利息費用になります。

Memo 6-2

　割引現在価値を期間の経過に伴って割り戻す意味についても確認しておきましょう。たとえば10年後のキャッシュフローを現在価値へ割り引くには，そこから10年分の金利を除きます。しかし，1年が経てば，10年後であったキャッシュフローは9年後のものになりますから，その時点の価値を測るのに当初の価値は1年分だけ金利を引きすぎています。そこで，いったん割り引いた当初の価値に1年分の金利を足し戻し，割り引く年数を1年減らします。これが割り戻しです。

　こうした測定・評価のルールに対して，ある時期からの会計基準では，公正価値測定の全面適用が，金融資産のみならず金融負債にも試みられるようになりました。米国基準や国際基準

では，公正価値測定され差額が利益認識される資産との間でミスマッチが生じる場合，金融負債も公正価値測定して差額を利益に反映させる選択肢を認めます（公正価値オプション）。この方法は金利の変化に伴う負債の価値変動をすべてその期の純利益に反映させ，そのなかに**自社の信用リスク**の変化に起因する分も含めるのが最大の問題でした。業績が悪くなって倒産の可能性が高まると，会社の調達金利は上昇して負債の時価が下がり，それだけ利益が増える結果になるわけです。さすがにそれはおかしいので，現在はその分をその他の包括利益（OCI）として処理します。ただし，リサイクリングは認めていません。

　この混乱は，公正価値による測定と損益認識をとりあえず金融商品に全面適用するのが会計基準の課題だという過剰な思い込みの結果ですが，当初は負債の価値が下がっているときは資産にも減損が生じており，前者の利益と後者の損失が相殺し合っているのだから問題はないという主張もありました。それは，株価が下落しても時価評価されない自己資本と違って，負債で資金を調達していれば事業に失敗しても損はしないという，なんとも不思議な話になりかねません。また，評価差額を純利益から除いても，OCI処理した分をリサイクルさせなければ，債権者が債権カットに応じない限り，債務者が一方的に負債を切り下げた利益と，その負債を当初の額で返済させられる損失とが，別々の勘定に分かれたまま相殺されずに並存することになってしまいます[5]（図表6-2）。

---

5) わかりにくく感じた読者のために繰り返します。この主張は，評価替えできない自己資金と違って，負債で事業資金を調達すればその評価益で資産の減損を相殺できるから，後者であれば投資に失敗して

図表6-2 負債の評価益と償還損失（自社の信用リスクの変化）

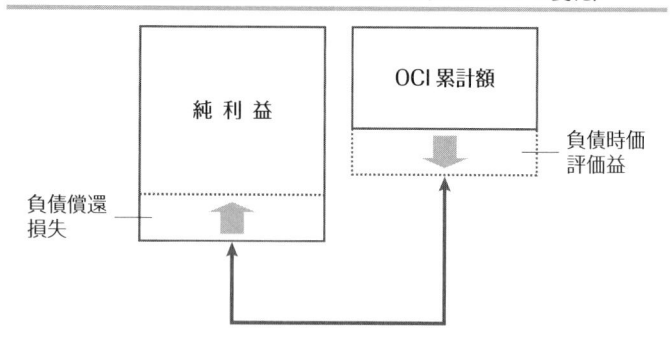

リサイクルさせれば相殺されて消滅するが，リサイクリングがないと両者が並存したままで，留保利益に振り替えられてから相殺される。負債償還損失は負債時価評価益を計上した結果にすぎないことに注意。

Memo 6-3

そもそも会社の業績が悪化して債務不履行のリスクが高まれば，負債だけでなく株主持分の時価も下落し，両者を足し合わせた企業価値は下がります。つまりこの会社ののれん価値（自己創設のれん）は小さくなります。しかし，企業会計では自己創設のれんが認識されませんから，その価値が減った事実もバランスシートには計上されません。

そのとき，資本の総体に生じたのれん価値の低下を負債の分だけ取り出して認識すれば，資産側に切り下げるべき自己創設のれんが計上されていない以上，株主持分を切り上げて辻褄を合わせるほかはありません。実際にはのれん価値の低下分を分担することで価値が下がっているはずの純資産を，切り上げなければならなくなるというわけです。

負債の測定に自社の信用リスクの変動を反映させるのは，このように負債についてだけ自己創設のれんを認識する結果にな

も損をしないで済むという話になってしまいます。なお，債権がカットされれば債務者の側でも負債の簿価を切り下げますが，それは公正価値測定でなくても同じことです。

るのです。業績が悪化してリスクが高まればマイナスの，反対に業績が回復すればプラスののれんが計上されるというわけです。その意味でも，企業会計の基本的な制約にふれる重大な問題を含んでいるというべきでしょう。

3 退職給付の債務と費用

　さて，次は非金融負債の例として，会社が退職した（する）従業員に取り決めに従って算出される給付を約束しているときに，実際の給付に先立って認識される**退職給付債務**を取り上げます。勤務が続いていれば給付支出はありませんが，その原因が生じている以上，給付にかかる債務や費用を退職まで計上しないわけにはいきません。給付される額が掛け金の運用成果に限られるようなものであれば，支出した年々の掛け金を費用として認識すれば済むのですが，給付額の計算方法が事前に合意され，運用資産の利回りが予定を下回ってその額を確保できないと会社に追加拠出が求められる**確定給付型**の場合は，将来の給付支出を予測した債務を計上する必要があります。そして，勤務期間の経過に伴いこの債務が増えていく分で，毎期の**退職給付費用**をとらえることになるのです。

　単純化のため，従業員1人のケースを考えます。第1期のはじめから5期継続して勤務し，第5期末の退職時に $5A$（金額単位を省略）の退職給付を受け取る見込みとしましょう。この $5A$ は退職時の一時金でも，あるいは退職後の年金の退職時における現在価値でもかまいません。はじめに金利を無視したと

きの第1期末における退職給付債務は，予想給付額$5A$の1期分，5期間の均等割りならAです。退職時の給付とはいえ，すでに労働用役の提供を受けて消費した対価の後払いとみれば，その1期分が第1期末の債務になることはとりあえず認めてよいでしょう。同じ理屈で毎期Aだけ債務が増えていき，第5期末には$5A$に到達するというわけです。その間，毎期の退職給付債務の増加分であるAが，各期の退職給付費用になるのです。

上記は金利の要素を無視した計算でした。今度は利子率をrとして，退職給付費用の発生から給付支出までの時間価値を割り引きます。第1期末の退職給付債務は，第5期末まで4期分の金利をAから引いた，要するにAを$(1+r)$で4回割った$A(1+r)^{-4}$になります。第1期の退職給付費用はそれだけですが，これを**勤務費用**と呼んで，次期以降に出てくる**利息費用**と区別しておきます。第2期末の債務は$2A$を3期分割り引いた$2A(1+r)^{-3}$ですが，これは第1期末の債務の額$A(1+r)^{-4}$に，今度は3期分の金利でAを割り引いた第2期の勤務費用$A(1+r)^{-3}$と，前期からの繰越債務に生じた1期分の利息費用$rA(1+r)^{-4}$との合計を加えた値です。この債務の増えた分が第2期の退職給付費用です[6]。要するに，

　　退職給付債務＝前期末残高＋勤務費用＋利息費用

　　退職給付費用＝退職給付債務増分＝勤務費用＋利息費用

です。次期以降の計算もこれと同様です。

---

6) すぐ後に述べるように，退職給付費用の要素はほかにも出てきます。なお，第1期は当初の給付債務残高がゼロなので，利息費用もゼロになっています。

図表6-3 退職給付債務と退職給付費用

	第1期	第2期	第3期	第4期	第5期	通 期
退職給付債務						
期首残高	0	164,540	345,535	544,218	761,905	0
期末残高	164,540	345,535	544,218	761,905	1,000,000	1,000,000
退職給付費用	164,540	180,995	198,683	217,687	238,095	1,000,000
勤務費用	164,540	172,768	181,406	190,476	200,000	909,190
利息費用	0	8,227	17,277	27,211	38,095	90,810

Memo 6-4

　数値例を補っておきましょう。第5期末に予想される退職給付額（上記では5A）を100万円，金利は5%としておきます。退職給付債務は，第1期末が20万円÷$(1+0.05)^4$，第2期末が40万円÷$(1+0.05)^3$，…，第5期末が100万円であり，退職給付費用はこの債務の期首と期末の差額です。また，勤務費用は第1期が20万円÷$(1+0.05)^4$，第2期が20万円÷$(1+0.05)^3$，…，第5期が20万円，利息費用は退職給付債務の期首残高に5%をかけた値です。

　将来の給付額を現在価値に割り引く一方，未払いの給付債務にかかる金利を割り戻していくことで，最後は給付債務が給付額に一致すること，とりあえず勤務費用と利息費用との合計が，退職給付債務の毎期の増分と定義された退職給付費用に一致することを確かめてください（図表6-3）。

　一見してわかるように，話を複雑にしているのは，予想給付額から金利分を割り引いたうえ，時間の経過につれてその金利を割り戻していく計算です。割引現在価値を使うのは最近の会計基準でも大流行ですが，ここでは，将来に支払う分を仮にいま支払うとしたらいくらになるかという観点から退職給付債務が測定され，それに基づいて退職給付費用が計算されています。金融資産や金融負債なら将来の貨幣収支を利子率で割り引いた

図表6-4 割引計算と負債残高：退職給付債務のケース

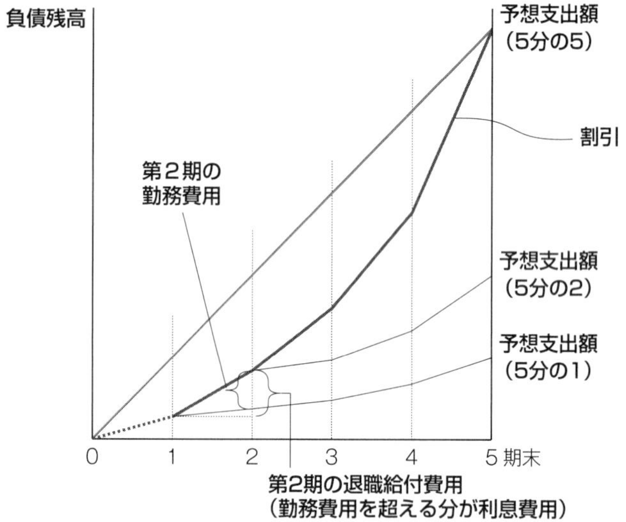

縦軸：負債残高／横軸：期末（0, 1, 2, 3, 4, 5）

- 予想支出額（5分の5）
- 割引
- 第2期の勤務費用
- 予想支出額（5分の2）
- 予想支出額（5分の1）
- 第2期の退職給付費用（勤務費用を超える分が利息費用）

> 原点と右上の予想支出額（5分の5）を結ぶ割引曲線の高さが，その時点における退職給付債務の残高になる。

額が現在の価値になるとして，それを金利とは別の費用配分を伴う非金融負債に適用するところがポイントです。ストックの測定はとりあえずそれでよいとしても，費用（したがって利益）の測定という点では，特にそこでの勤務費用がなにを意味するのか，支払いまでの時間が違うとなぜ勤務の対価が違うのか，なかなかうまく説明できません。

いずれにせよ，退職時までの期間を通算した給付費用の総額は，金利要素を考慮してもしなくても変わりません。割り引いて割り戻す計算は，費用の期間配分に影響するだけです。その点は図表6-4で確認してください。右上がりの直線は金利要素を考慮しないケース，下方に凸の曲線は一定の金利で割り引いたケースで，債務が累積する経過を表します。費用はその増分

で，割り引かなければ毎期一定です。割り引けば負債ははじめ低くて後から増え，費用の期間配分は遞増的，つまり先送りになることがわかるでしょう。また，金利を無視するのは利子率をゼロとして割り引くことでもありますから，この図は割引率を高くすれば曲線は下に膨らみ，負債も費用もより先送りになること，反対に割引率を下げると途中の負債が増え，費用配分が相対的に前倒しになることを示しています[7]。

それよりも注意しておいていただきたいのは，退職給付債務が，予想される退職給付の全額を現在に割り引いた額ではなく，経過した勤務期間に対応する部分だけを割り引いた額になっていることです。つまり，労働用役の消費に伴って労務費用が発生した分だけを負債に含めている点です。負債の測定がまずあって，結果として費用が決まるとしながらも，他方では費用の期間配分から負債の認識・測定を決めるという面をもっていることに，資産・負債か収益・費用かという，どちらか一方の観点を一律に適用しようとする主張の難しさが現れているのです。この点では，次節でみる資産除去債務のような，資産用役の消費に関係なく支出見込みの全額を（割り引いて）認識するものとは，同じように負債といいながらその性格は大きく異なります。

退職給付をめぐる負債と費用の基本的な関係は上記のとおりですが，それではこうして決められる退職給付債務と退職給付

---

[7] 退職給付については，負債の過少計上と費用の先送りを避けるため，一般に割引率をなるべく低く，安全利子率に近いものにすることが求められますが，その観点からすれば割り引かないのがベストという話にもなりかねません。いずれにせよ，退職までを通算した結果は，割引率をいくらにするかとは関係ありません。

費用を,そのままバランスシートおよび損益計算書に計上すればよいかというと,それだけではまだ必要な情報が出揃いません。特に社内積立方式ではなく,**外部基金**に拠出をした運用成果から給付の支払いをする場合には,基金が保有する資産(**制度資産**)の公正価値を給付債務から控除し,残りを負債として開示します[8]。退職給付費用には,この公正価値の変動が加減されるほか,制度の導入や改定に伴う給付債務の価値の変動分(**過去勤務費用**)が加わります。その一方,債務の見積りに必要な将来の給付の予測や現在価値へ割り引く利子率,従業員の退職率とか死亡率など,数理計算上の仮定の修正および実績との差異は OCI で処理されます。

4 資産除去の債務と費用

第5章では,事業用資産への投資額を使用期間の費用に配分する仕組みを説明しました。そこでいう投資額は一般にその取得に要した対価の額とされ,それがその後の事業収入で回収されていくわけですが,しかし実際の企業投資では,必ずしもこのように投資支出が事業収入に先行するとは限りません。順序が逆転して,投資支出のほうが後になることもありえます。その典型が,資産の除去にあたって解体,撤去,原状回復などの費用負担を強いられるケースです。原子炉の廃炉費用などは,まさしくこうした例の代表といえるでしょう。それは最終的な

---

[8] そのため,基金の運用成績が悪くて制度資産が目減りすると負債が積立不足の状態になって,それを補うための費用負担が生じることもあります。

発生額の不確定性がきわめて高い費用でありながら，なんらかの方法で推定しないと対応する収益の認識が制約されかねず，理屈と便宜の間でバランスが求められる難しい問題の1つとされてきました。

現行の会計基準では，有形固定資産について法令や契約で要求される将来の除去支出を見積ったうえ，その現在価値を**資産除去債務**とすることになっています。見積額は生起する可能性のもっとも高い単一の数値（最頻値）でも，生起しうる複数の数値をそれぞれの発生確率で加重平均した値（期待値）でもよいのですが，それを貨幣の時間価値を考慮した無リスクの利子率で割り引いて負債に計上するという規則です。負債認識に伴って**資産除去費用**が問題となりますが，それはここで計上した負債と同じ額を関連する資産の簿価に加え，減価償却を通じて将来の使用期間に配分することになっています。資産価値の測定という観点からすると，予想される費用負担がどのような意味でその資産の価値を高めるのか，疑問に思われるかもしれません。

確かに当初認識にあたって資産を公正価値で測定するというなら，地域の規制に依存する将来の除去費用や，立地によって異なる取得時の引取運賃など付随費用の少なくとも一部にも，公正価値の要素といえるのか疑わしいものがあるでしょう。現行の会計基準では，将来の経済的便益が流入する見通しを条件に，**投資原価**を当初の測定値としています。もちろん，投資原価が資産そのものの公正価値だからではありません[9]。公正

---

9) 一般に取得当初は投資原価が公正価値に等しいか，あるいはそれを近似するといわれますが，**第5章**で述べたように（**Memo 5-4**），公正価値測定されない事業用の資産について，わざわざ取得当初だけ

価値は資産の時価ないしその推定値ですが、投資原価というのは、その資産を使った事業に投下されている資金の大きさです。実際に支出された額とは限りませんが、それは投資の成果で回収される事業のコストです。資産の除去に必要な費用も、資産の取得に伴う一部の付随費用も、こうした投資原価として資産の額に含められているのです。

> **Memo 6-5**
>
> 　上記の投資原価を公正価値の概念にはめ込むことにこだわると、資産そのものの市場価格（あるいはその推定値）のほか、どの要素をどこまで含めるのか、決め手を得るのが難しくなります。公正価値が市場参加者に共通の値だとすれば、企業ごとに違う付随費用・取引費用や、国や地域で異なりうる除去費用が、少なくともそのまま含められるということはないでしょう。
>
> 　また、それらのサービスにも共通の市場があると仮定し、公正な取引価格を想定するというのも普遍性のない話です。実際には企業ごとのさまざまな関連支出から、その企業の恒久利益（第1章を参照）を予測するうえで、将来の費用に配分されるものが投資原価とされているのです。その点でも、費用認識と切り離して事業用資産の評価・測定を決めることの難しさが理解されるでしょう。

このように、将来の資産除去支出については、取得や使用など原因が発生した当初からその全額に対して負債を引き当てるのが現行の支配的なルールです。それに伴って同額の費用が一度に認識されないよう、上述したとおり、負債に合わせて計上した資産の償却を通じて、その費用を使用期間に配分していく

公正価値を問題にする意味があるか疑問です。

方法がとられています。そこでは負債の額が費用の総額を決める一方，その期間配分は負債の変動と無関係に決められ，それが資産の額を変動させているわけです。その点でも，投資原価の配分で事業用資産を認識する現行の会計基準と整合的な方法といえるのでしょう。いずれにせよ，将来の費用支出の全額に引き当てるこの負債認識は，費用の発生に伴って負債を増やしていく前節の退職給付債務と，性格が異なることにあらためて注目してください。

　従来，資産除去の債務と費用を認識するのに，これしか方法がなかったわけではありません。むしろ，将来に見込まれる除去支出のうち，資産を使った分に相当する各期の発生費用と負債（引当金）を計上し，それを通じて負債を積み増していく方法が広く使われていたようです。測定のルールに多少の違いはあったとしても，前節でみた退職給付債務と同じく，資産用役の消費に伴って累積する（費用配分と連動する）資産除去債務の概念です。その考え方を否定して，まず負債を費用の発生から独立に決める一方，資産の測定は公正価値評価よりも投資原価の配分によって，費用認識と連動させることになったわけです。結果的に費用配分は変わりませんが，性格の違う2種類の負債が1つのシステムのなかに混在することになりました。

Memo 6-6

　資産除去債務を旧来の概念に従って費用の発生（この場合は資産用役の消費）と連動させれば，負債は毎期，費用の発生額だけ増えていきます。仮に支出時までの金利を割り引いて測定したときには，その発生額の現在価値と，期首債務に対する利息費用との合計額だけ増えることになります。他方，資産除去に要する支出の全額を割り引いた現在価値を当初から負債とし

図表6-5　割引計算と負債残高：資産除去債務のケース

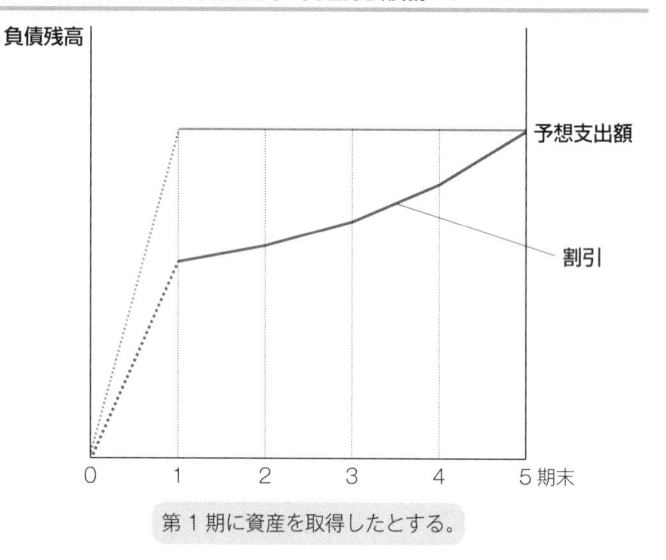

（縦軸：負債残高、横軸：0〜5期末。予想支出額と割引後の曲線を示す）

第1期に資産を取得したとする。

　たときは、毎期の増加はその割り戻しによる金利分だけになります。図表6-5に示したように、金利要素を考慮しなければ負債は最初から支出見込額と同じになる一方、考慮した場合でも支出時までの金利分が差し引かれるだけで、負債を認識した期にその全額が計上されることに変わりはありません。

　現行基準では、後者の資産除去債務と、前者の（旧来の）概念に近い退職給付債務が同居しているのですが、それでも同居できているのは、退職給付支出が従業員の勤続期間に依存する一方、資産除去支出は資産をいつ廃棄するかによらない点が、負債の定義にうまく反映されているからでしょう。本章冒頭（144ページ）でふれた「過去の取引または事象の結果として」といった表現です。しかし、負債と費用の関係は、資産・負債と収益・費用の「主従関係」という、定義以前の会計観の選択にかかわる問題でした。ここでの負債認識は資産の除去にかかわる費用の総額を決めるだけで、その期間帰属についてはなにも決められません。一方の観点だけで決めつけても、事実

は説明できないのです。

5 偶発損失と引当金

　非金融負債のうち,上記の2つとも性格が違い,会計基準上の難問とされているもののなかに,予想される賠償や補償ないし保証などの義務に備えた負債性の**引当金**があります。引当金というのは,不確定な将来の支出を予想した一種のみなし債務であり,それによって債務の確定を待たずに負債と費用を認識するものです。そうした潜在的な事業のリスクに対する引当金は,以前から**偶発債務**とか不確定債務,あるいは一定の条件が整わない限り支払う必要がないという意味で条件付き債務とも呼ばれ,その認識といわばセットで**偶発損失**が計上されてきました。ただし,引当金という概念は退職給付債務なども含めたかなり広い範囲にあてはまる一方,費用配分が負債認識を制約した従来のイメージを残すその用語を,国際的には使わない方向にあるようです。

Memo 6-7

　引当金は,利益の測定という観点から,将来の費用支出を見越して現在の収益に対応させる(つまり当期に費用を認識する)ための,いわば擬制された債務と説明されてきました。施工した工事の補償であれば,当期に収益を認識した工事に起因して発生する将来の補償費用を見積って計上する一方,見合いの負債を計上して実際の支出(資源の消費)が生じたときに取り崩す,その負債が引当金だという説明です。費用性より債務

> 性を重視する最近の基準では，逆に将来の工事補償支出という負債がまず計上され，それに伴って補償費用が認識されることになります。どちらでもたいした違いはなさそうですが，とりあえず簡単な仕訳で理解を確かめてください。
>
> たとえば当期に収益を認識した工事について，将来100（金額単位は省略）の補償支出が予想されるとします。このときは，
>
> 　　　工事補償引当損　　100　／　工事補償引当金　　100
>
> のようにしますが，もし後になって実際に生じた補償支出が90だったときは，
>
> 　　　工事補償引当金　　90　／　現金など諸資産　　90
>
> として余った分は利益に戻し，不足分は費用を追加します。このケースなら，
>
> 　　　工事補償引当金　　10　／　引当金戻入益　　10
>
> です。引当金といいたくなければ，工事補償債務などといえばよいでしょう。

このような将来の不確定な事象を条件とする負債について，従来の会計基準では，その決済に伴う支出（資源流出）の**蓋然性**（がいぜん）が高く，しかも信頼性をもって金額を見積れるかどうかで，認識の可否を決めてきました。認識の対象となる事象によって生ずる可能性に大きな違いがあることから，まずは一定以上の蓋然性があるものに限って取り上げようということです。蓋然性のレベルについては，生起する可能性が生起しない可能性より高い，要するに確率が50％を超えるあたりが目安とされてきました。蓋然性がそこまで高くない場合とか，金額について信頼性のある見積りができない場合は，財務諸表上での認識に代えて注記で偶発債務を開示する，そして蓋然性がきわめて低い（可能性がほとんどない）ものは無視する，これが従来の支配的なルールでした。

しかし，国際会計基準の改定で提案されたのは，この負債認識を制約してきた蓋然性の要件を削除するとともに，認識の可否を決める事象の生起確率は，むしろ金額を期待値に統一することで負債の測定に反映させるというものでした[10]。そこでは，条件付きの債務を，①条件が満たされたときに履行の義務を負う無条件の債務と，②履行の条件となる将来の不確実な事象との2つの部分に分解し，会計上は①の債務に基づく現在の負債を認識するのだとしています。②の要素は認識そのものには影響せず，認識された負債の測定に生起確率が影響するというのです。蓋然性とは関係なく，①の無条件債務（待機中の債務）の履行に伴う将来の資源流出額を，②の条件が生起する確率で加重平均した期待値によって測定するということになります。

しかし，平均値が意味をもつ場合ならそれでよいのでしょうが，一般に確率的な事象の評価額は，リスクに対して中立的でなければ期待値と同じにはなりません[11]。また，例外的な事象では一部のデータが他の大部分から大きく乖離していたり，データの分布が対称ではなかったりすることも多く，期待値では集団の特性が必ずしも正しく伝わりません。やや極端な例ですが，損害賠償の義務を負う確率が1%で，そのときの支払額は100億円だが，残りの99%は支払額がゼロというケースは

---

10) 従来は最頻値（もっとも可能性の高い単一の数値）が使われてきたという理解のようです。最頻値だと蓋然性の低いケースではゼロになってしまうので，負債の網羅性を高めるには期待値がよいという話になったのかもしれません。
11) リスクに対して中立的とは，リスクの程度によって評価が変わらないということです。それは，予想される結果の性質（大小）や確率，それにリスク分散の仕組みなどにも影響されます。

どうでしょうか。この賠償義務を逃れるのにいくらを支払う価値があるかという負債の評価でも、その負債の変動を利益に反映させる費用の測定でも、上記のようなケースで期待値の1億円を使うのが常に望ましいといえるのか、話が難しくなってしまうので直感的に考えてみてください。

　ちなみに、従来の蓋然性基準では、この場合に負債は認識されません。他方、期待値は同じでも2億円かゼロかが半々の分布なら、おそらく負債が最頻値の2億円で計上されます。提案の方法ではこれも1億円ですが、上記の極端なケースと区別がつかず、その点で蓋然性基準に代わりうるとはいえないでしょう。会計上、偶発損失の開示が特に問題となるのは、日常的なビジネスのリスクよりも、投資家が確率分布を容易に推測できない企業固有の例外的な事象です。従来も蓋然性基準の適用をフレキシブルにしたり、母集団の大きい項目に関係する不確定債務は期待値で測ったりする工夫がありました。事業のリスクを一律に期待値で数値化する前に、そうした工夫で補完された蓋然性基準に比べて、それがどこまで情報の有用性を高めるか個々に検討するのが先決です。

　ところで、負債のなかには法的な拘束力のある義務（契約によるものも含めて）だけでなく、法律や契約で強制されなくても企業が負担することになるような義務がみられます。しばしば**推定的債務**などと呼ばれています。法的債務と推定的債務とがそれぞれ別個に存在するということではなく、それらが重なり合ったものもあるのですが、少なくとも法的債務に含まれない推定的債務があるということです。たとえば将来に予定したリストラ費用も、確立された実務慣行などの客観的な条件に基づいて企業が外部者に受け入れを表明し、外部者も企業がその

責務を果たすと期待することに妥当性があるようなケースはその例にあてはまります。ただし，推定的債務でも不確定な法的債務でも，確定に先立って負債を見込み計上する作業に本質的な違いはありません。

　このように，バランスシートに表れる負債は，それを単なる借金とみていた人にとって意外に範囲の広いものかもしれません。現代の会計基準は，そうした負債の網羅性を追求する反面で，債務性の疑わしい引当金を整理するなど，たえずアップデートを繰り返しているわけです。その一方，次章の主題である純資産つまり株主持分との関係でも，負債の範囲は難しい課題に直面しています。たとえば新株予約権のように[12]，単に新株を引き渡す義務というだけでは負債といえなくても，株式決済を現金決済に組み替えれば負債になり，他方で株式決済なら権利行使の有無にかかわりなく株主持分の要素となる，いわば負債と持分の双方にまたがる金融商品のケースです。新しい金融取引が，負債の範囲を問い直す例の1つです。これについては次の**第7章**で説明します。

---

12) **第7章**でみるように，これは会社の株式を，将来の一定期日ないし一定期間に，あらかじめ決められた価格で会社から買い受ける権利（会社からみれば自社の株式を譲り渡す義務）です。

Discussion

[6-1] 社債の評価：債権と債務

　活発な取引市場のある社債を考えます。発行している会社では，当初これを発行価額で負債認識し，満期償還額との差は毎期規則的に償却して社債残高と利息費用とに加減していくのが普通です（償却原価法）。他方，この社債に投資している債権者側は，満期保有のポジションでない限りこれを時価で評価し，通常は時価の変動を投資の成果としています。同じ社債の評価と損益認識が債権者と債務者で違うのは，どちらかが間違っている証拠だという人がいたら，あなたはどう答えますか。

[6-2] 借入金の評価と利息費用

　借入金は償却原価で測定・評価されますが，借り入れ後に市場金利が上がった（下がった）ときは，それより安く資金を調達した利益（高く調達した損失）が続くとみて，その見込みを借入金の残高に反映させるべきだという意見があります。他方，その損益は満期までの毎期の利息費用におのずから反映されるのであり，借入金残高を動かすとその後の利息費用が利払いの支出と同じになる保証がないという指摘もあります。それぞれの意見を検討し，対立を解消する方法を考えてください。

[6-3] 退職給付の債務と費用

　従業員が5期後に退職し，その時点の給付支出が100万円になると予想されるケースでは，毎期100万円を5等分した20万円ずつを，支出時までの金利に相当する分を割り引いて退職給付債務へ繰り入れます。この方法による毎期の繰入額と，期間の経過に伴って金利を割り戻す分とを合わせて，退職時点で100万円となっているようにするわけです。しかし，債務というなら最初か

ら予想給付額の全額 100 万円を金利分だけ割り引いた額ではないかといわれたら，あなたはどう答えますか（[6-6] および [6-7] と比較してください）。

[6-4] 割り引きと割り戻し

[6-3] では，毎期，退職給付債務へ繰り入れる 20 万円から金利分を除き（割り引き），期間の経過とともに金利を追加する（割り戻す）計算をしていますが，そうした割り引きと割り戻しをせずに毎期 20 万円ずつを繰り入れることにしたら，毎期の退職給付債務残高と退職給付費用の期間配分とはどのような影響を受けるでしょうか。その方法では，なぜいけないのでしょうか。

[6-5] 負債と外部基金との相殺

退職給付を支払う目的で外部に基金を設定しているときは，基金の残高と退職給付債務の残高とが相殺され，後者の超過分が負債としてバランスシートに計上されることになります。他方で社債の発行残高を，その償還に備えて外部に拠出した基金と相殺し，正味の額だけを負債として開示することは，原則として認められません。両者のどこが違うのでしょうか。比較してこの相殺がもつ意味を検討してください。

[6-6] 複数年契約の報酬債務

プロ野球の球団がある選手と 3 年で年俸総額 15 億円という複数年契約を結んだとします。途中で球団側がこれを減額できるような特段の契約条項はないとしたとき，この 15 億円の現在価値にあたる額を，契約の時点で負債（と資産）に計上してもよいでしょうか。

[6-7] 資産除去の債務と費用

将来，保有設備を除去するときに多額のコストが予想される場

合は，見積られる全額を（現在価値に割り引いて）負債に計上し，同額を当該設備の原価に追加計上したうえで償却することになっています。しかし，それを使い切ってから除去する以上，見積ったコストを残存使用年数で割った分を，期間ごとに負債（引当金）に追加計上しながら同額を費用とするほうが合理的なのではないかという意見もありえます。もちろん，金利分を割り引いて計上したときは，毎期の割り戻し分が負債と費用に追加されます。その意見をどう思いますか。

[6-8] 偶発損失に対する引当金
　将来の偶発損失に対する不確定な債務を，蓋然性にかかわりなくすべて認識し，それを期待値で測定する新しい提案と，蓋然性のレベルが一定以上のものを原則的には最頻値で測定してきたという従来の基準を，いくつかの具体例で比較検討してみましょう。

[6-9] 偶発事象にかかわる負債と資産
　従業員の使い込みで会社に損失が生ずる可能性を予測した負債を計上するとして，この従業員に対する会社の損害賠償請求権が裁判で認められる可能性はどのように処理したらよいでしょうか。[6-8]に示された新しい提案による場合は，負債の測定に使われる使い込みの発生確率と，発生したときに裁判で認められる賠償金額の確率分布とをたえず見積って，その期待値で資産を計上（あるいは負債と相殺）するのでしょうか。

第 **7** 章

純資産の開示と規制

Contents

1 純資産の構成要素
2 株主資本の分類
3 その他の包括利益累計額
4 新株予約権
5 子会社の非支配株主持分

1 純資産の構成要素

　純資産というのは，資産から負債を差し引いた純額でした。それは企業所有者の**持分**といわれます。株式会社であれば株主持分です。持分などという言葉を使うと混乱するかもしれませんが，**第1章**で説明したように，株主が会社に投資したお金は会社の所有財産となり，引き換えに株主は，会社がそれを投資した成果に対する不確定な請求権をもつことになります。会社財産の間接所有ともいうべきこの請求権が持分です。もちろん，会社が負債で資金を調達していれば，貸し付けた債権者もまた会社財産の総体に対する請求権をもっています[1]。一般に債権者の請求権は株主の請求権に優先しますから，負債を資産から引いた後の純資産が，会社自身の資本（**自己資本**）であるとともに，残余請求権者である株主の持分にもなるというわけです。

　この純資産の構成要素は，後述のさまざまな事情によって最近は複雑になっていますが，もともとはごく単純なものでした。大きく分ければ，株主の出資した部分（**拠出資本**）と利益が留保されている部分（**留保利益**）です。利益も留保されれば実質的には拠出資本と変わらないのですが，株主の出資かその運用成果か（いわば元手か儲けか）といった源泉の区別は，留保された後も維持されることになっています。両者を合わせた純資

---

[1] この債権者の請求権を持分とはいいません。かつては株主と債権者の請求権を持分として並列させる議論もありましたが，債権を持分と呼び換えても実質的な意味はありません。

産残高を増減させるのは，利益の留保を除けば会社と株主の間の**資本取引**に限られます。拠出資本については出資や有償減資，留保利益については配当や自社株買いなどです[2]。利益の留保も配当と出資の組合せとみれば資本取引でしょうが，実際に配当も出資もされていないので，とりあえずそれらとは区別しておきます。

企業会計では，資本と利益を明確に分けることが，もっとも重要な課題の1つとされています。ひとことでいえば，それは純資産変動の源泉である資本取引と各期の利益とを混同しないということです。借金を返した後に残る会社財産がすべて残余請求権者である株主に帰属する以上，株主との間の資本取引で会社が儲けても損をしても，株主にとっては利益にも損失にもならないでしょう。会社を株主が実質的に支配しているかどうかとは別に，会社の成果を他のステイク・ホルダーへ帰属させた余剰が，会社の所有者である株主のものとなるのが株式会社の仕組みです。そうした余剰を期間ごとに測る利益を，留保利益を含む純資産の資本取引による変動から切り分けること，このいわばフローの次元における**資本と利益の区分**は企業会計の根幹をなす基本原則です。

しかし，利益が留保されて純資産残高つまり株主持分のストックに振り替えられた後で，留保利益を株主の拠出による部分と区別するというのは，利益を資本取引による純資産の変動から切り分ける上記の要請と，必ずしも表裏一体の話ではありません。拠出資本でも留保利益でも株主の持分に変わりはなく，

---

2) 会社法上，拠出資本の一部は配当可能です。自社株買いは配当原資の範囲に限られますが，開示するときは留保利益からでなく，拠出資本も合わせた純資産の総額から控除されます。

両者の違いは明確に区分されるべき源泉の違い以上のものではないのです。利益を配当しなければ留保利益になりますが、上記のようにそれが株主に配当されてただちに出資されれば拠出資本です。利益は分配可能でなければならず、分配不能な拠出資本と混同すべきでないといってみても、会社財産の分配限度を決めるのは**会社法**の制度です。純資産ストックの区分は、株主への分配をめぐる法的規制に影響された面が少なくないのです。

> **Memo 7-1**
> 　ここで株主への配当が、これまでに述べた企業会計の仕組みのなかでどのように処理されるかを簡単に説明しておきましょう。配当というと、語感としては儲けの山分けを連想する利益分配みたいな感じになりがちですが、次節でみるとおり、分配されるのは必ずしも利益ないし留保利益には限られません。しかし、財源がなんであれ、会社財産の分配である以上、それによって現金またはその他の現物資産が減り、払い戻された資産を株主が受け取った分だけ、株主の請求権を表す純資産のいずれかの要素も減ることになります。
> 　念のため、留保利益（利益剰余金；後述）を財源とする配当の例で仕訳を示せば、
> 　　　　利益剰余金　　xxx　／　現　　　金　　xxx
> のようになります。配当宣言により会社に負債が生じ、実際の支払いによって負債が消滅することを示したければ、
> 　　　　利益剰余金　　xxx　／　未払配当金　　xxx
> 　　　　未払配当金　　xxx　／　現　　　金　　xxx
> とすればよいでしょう。資産と純資産を同額だけ減らす、いわばバランスシートの内部で完結し、損益計算書には影響しない株主との間の資本取引です。それは「株主資本等変動計算書」で開示され、バランスシートに反映されることになっています。

2 株主資本の分類

　そこでまず、**分配規制**がなぜ必要とされ、純資産の分類にどのように影響しているかをみておきましょう。もし会社に債務がなければ、会社の所有者である株主が会社の財産を払い出すのは基本的に自由です。しかし債権者がいるときは、それが弁済されないうちに会社財産が分配されて、総資産の額に占める負債のウェイトが高まると、彼らにとっては債権価値がそれだけ**希薄化**されることになります[3]。債権者は事前にそのリスクを予想して金利を決めるわけですが、分配の限度額が定められていなければそれだけ評価が保守的になるでしょうし、会社の側でも分配する意思がないのにその可能性を疑われて借入資金の金利が上がるのは避けたいところです。そのための分配限度を、個々に契約するコストを省いて法定した初期設定（デフォルト）が会社法の規制です。

　この株主への分配をめぐる会社法制は、国によっても時代によっても、決して一様ではありません。しかし、それぞれの偏差を取り除いてみると、多くにほぼ共通しているのは、ごく大雑把にいえば株主の拠出資本には手をつけず、利益の留保分（つまり未分配分）を分配の財源にする**資本制度**の考え方でした。

---

[3] 会社所有者の会社に対する請求権は債権者に対して劣位ですが、特に株式会社の場合、株主は会社の債務を会社と連帯して弁済する責務を負いません（株主有限責任）。それだけ債権者のリスクは高く、債権の価値を裏づける会社財産が株主への分配で減ることを警戒するわけです。

木は切らずに，果実である利益を配当するというものですが，配当する期間の利益だけでなく，過去の利益が配当されていないときはそのすべてを累積した額，また過去の損失が繰り越されているときはそれを埋め合わせた額が，分配規制における配当限度の目安とされてきたのです。そうした資本制度の観点が，前述のフローの次元における資本と利益の区分を，拠出資本と留保利益というストックの区分に結びつけていったのでしょう。

> **Memo 7−2**
>
> この分配規制は，株主の出資を維持した余剰，つまり利益の留保分に分配を限ることで債権価値の希薄化を避けるものといわれます。もちろん，余剰でも会社財産が分配されれば債権の価値は下がりますが，問題は債権を設定し，金利を約定した当初に比べてです。それは本来，純資産残高のどれだけを分配せずに維持すると債権者が予測したかによる話です。もしその時点の留保利益残高は負債償還まで配当されないと市場が予想して金利が決められていたら，その分配も制限しなければ債権の価値は維持されないでしょう。事実，無担保社債を発行するときの契約では，発行後に留保した利益（プラス一定額）に配当を限る事例が多くみられます。
>
> また，債権価値を裏づける資産の価値合計は変わらなくても，その構成要素が変わってリスクが上がることもありえます。100万円の収入が得られる可能性の高い資産と，半々の確率で200万円にもゼロにもなる資産とでは，期待値は同じでもリスクが違い，債権者と株主の権利に与える影響は違ってきます。よくても約束の利子しか受け取れず，悪ければ回収不能になりかねない点で下方リスクだけを負う債権者は，会社の資産がリスクの高いものに入れ替わるのを望まないことが多いでしょう。そのため社債契約では，資産構成の変化（資産代替）で会社のリスクに重大な影響が及ぶ合併や営業譲渡に，債権者の同意を求めることが少なくありません。

現代の株式会社会計では、この拠出資本と留保利益がそれぞれ細かく分けられています。それを確かめるには、もう少し会社法の規制に立ち入ってみなければなりません。日本の法制では、株主の出資した分が債権者の同意を得ないと取り崩せない法定の資本金として分類されています。会社に払い込まれた全額を**資本金**とするのが原則ですが、半分までは資本金に組み入れずに**資本準備金**とし、繰越損失（留保利益の赤字）を分配可能な財源で補填し切れないときに、不足を埋め合わせて残額の補填に用いることが認められています。また資本準備金のほかにも、配当にあたってその一定割合を社内に留保する**利益準備金**の制度を設け、両者を合わせた法定準備金と資本金とをいわば責任財産として拘束したうえ、純資産部分の残りを**剰余金**として分配財源にしています。

会計上は株主の拠出資本のうち、資本金を超える分を**資本剰余金**と呼びますが、これは会社法が項目を限定列挙する上記の資本準備金よりも広い概念になっています。たとえば資本金や資本準備金を取り崩した広義の減資差益は、その後も拠出資本の要素であることに違いはありませんが、会社法はこれを資本準備金に含めません。分配制限が債権者の保護を目的とする以上、債権者の同意を得て取り崩した分を、また債権者の同意がなければ取り崩せない資本準備金に含めて株主への分配を制限する必要はないという理由です。そのほか、自己株式の取得と処分は株主との資本取引ですが、処分差益（買い値と売り値の差）を会社法は資本準備金に含めていません。これらは、資本準備金以外の資本剰余金である**その他資本剰余金**として開示されます。

また留保利益についても、会計上はそれを**利益剰余金**と呼ぶ

図表 7-1　純資産の分類

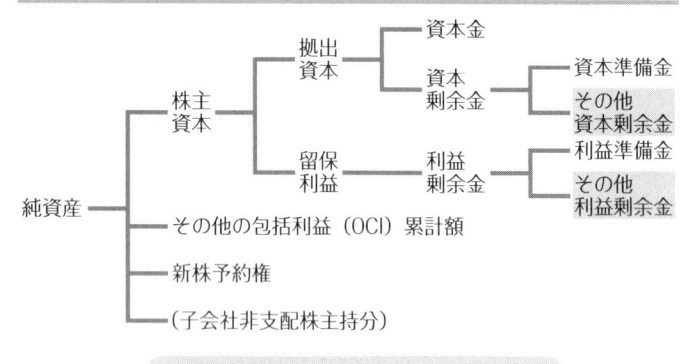

```
                    ┌─ 資本金
            ┌─ 拠出 ─┤                    ┌─ 資本準備金
            │  資本  └─ 資本 ─────────────┤
    ┌─ 株主 ┤           剰余金             └─ その他
    │  資本 │                                 資本剰余金
    │       │                              ┌─ 利益準備金
    │       └─ 留保 ─── 利益 ─────────────┤
純資産┤          利益      剰余金             └─ その他
    │                                         利益剰余金
    ├─ その他の包括利益（OCI）累計額
    ├─ 新株予約権
    └─（子会社非支配株主持分）
```

> 図のグレーの部分が会社法上の分配可能額。
> 自己株式は株主資本から控除して開示。

ことで，法定準備金も含めた剰余金を源泉によって資本性と利益性とに分けています。会社法の定める利益準備金はこの利益剰余金の一部とされ，それを超える部分は**その他利益剰余金**とされています。会社法で分配が認められる剰余金は，その他利益剰余金とその他資本剰余金とからなっているわけです。その他資本剰余金が分配財源に含められる一方，利益準備金が除かれる点で，拠出資本を拘束して留保利益の分配を認める伝統的な通念からやや乖離していますが，それに代わる新たな原則が定められているわけでもありません。ここまでの純資産項目は，日本の基準では**株主資本**と呼ばれ，図表7-1の上半分のように分類されます。会社法の規制を受けて，込み入ったものになっています。

　なお，上述した範囲の純資産項目には，もう1つ，マイナスの要素として自己株式の残高（上記の処分差益ではなく）があります。会社は**ストック・オプション**[4]の権利行使や合併時の株式交換に備えたり，あるいは単に資本コストを補償する投資機

会がない資金を株主に払い戻したりするなど，さまざまな目的で自社の株式を取得していますが，それは資産とされるのでなく，株主資本の総額から控除する方式で繰り越されます。また，この自己株式を売却したときには，取得額との差分にあたる売却益を，前述したとおりその他資本剰余金に算入します。自己株式の取得は株主への分配という意味で配当と同じであり，その売却は時価発行増資と同じですが，両者を別々に処理せずに，まとめて正味の損益を資本剰余金で処理するというわけです。

　上述の純資産分類は，細部の変遷を除けば，日本の開示制度が定めるバランスシートの基本型でした。国際的にみても，たとえば準備金制度の有無や違いなどによる差異は別として，ほぼ基本は共通していたといってよいでしょう。しかし，その後，公正価値測定の拡大と包括利益の導入に伴う「その他の包括利益（OCI）」の登場や，負債と持分の両方の性質をもった金融商品の普及などは，上述の分類に収まり切らない純資産項目を生み出すことになりました。それは，これまでにみてきた株主資本の内訳が増えるといった話ではなく，株主の持分であってもそれらとは別のクラスが加わるというものでした。その結果，上記で分類した株主資本は株主持分である純資産と同じではなく，その下位の内訳項目という位置づけになりました。

4）　ストック・オプションというのは，役員や従業員への報酬として付与される新株予約権です。新株予約権については**第4節**で説明します。

3 その他の包括利益累計額

そこで今度は、この株主資本から区別される株主持分という、ややこしい新顔の要素をみていきましょう。まず包括利益のうち純利益から除かれたその他の包括利益（OCI）は、バランスシート上の残高項目である**その他の包括利益累計額（OCI累計額）**に加減されていきます。たとえば、ある資産を評価替え（再測定）したときの評価益は、純利益の要素とみられなければOCIに分類され、それがOCI累計額に加えられて純資産の一部になります。このOCI累計額は、同じ資産をその後さらに切り上げれば評価益の額だけ増やされ、逆に切り下げれば評価損の額だけ減らされます[5]。評価替えされる資産や負債は1つに限られないでしょうから、いくつかの評価益や評価損が集計された正味の額が、OCIを経由してOCI累計額に加減されることになります（図表7-2）。

このOCIが累積した残高は、純利益が分配されずに累積した残高項目つまり留保利益と一緒にはできません。第3章で詳しく述べましたが、資本取引の要素を除く純資産の変動分である包括利益のうち、すでにキャッシュフローとして確定し、リスクから解放されている分が純利益であり、いまだその条件を満たしていない部分がOCIです。キャッシュとして実現した投資の成果が再び投資された留保利益と違って、OCIの累積

---

5) 負債の場合ならこれと反対に、切り上げがOCI累計額を減らし、切り下げがそれを増やすことになります。

図表 7-2　留保利益と OCI 累計額

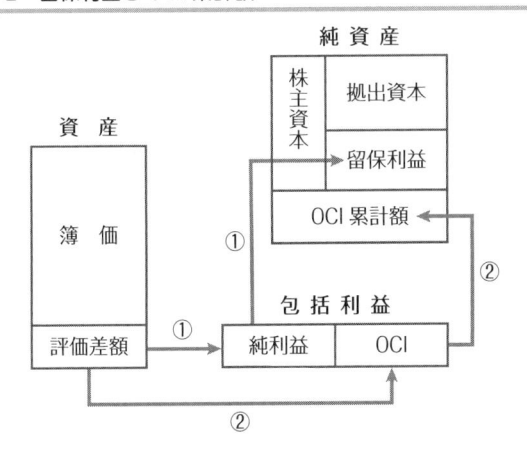

（①は金融投資，②は事業投資のケース。）

残高は単なる評価替えの結果にすぎません。それはキャッシュフローの実現を待って純利益に振り替えられる要素であり，リスクから解放された純利益の累積残高と混同するわけにはいかないのです。純利益の要件を満たして留保されたものと一緒にできるのなら，もはやそれを純利益に振り替える理由はないでしょう。

Memo 7-3

　減損のような切り下げ分を純利益に負担させるときは，切り下げた資産にかかわる OCI 累計額をどうするかが問題になるでしょう。OCI として繰り越されてきた評価差額を実現時に純利益へ振り替えるリサイクリングの処理は**第2章**で説明しましたが，特に収益の実現をもはや見込めない減損のケースなど，過去の評価替えによる OCI を損益に戻してそれを圧縮または増幅することに，疑問が出されるかもしれません。

> 　資産・負債の評価差額でその期の純利益から除かれたOCIは，将来の期間に実現すると期待され，キャッシュフローを待って純利益へ振り替えられるものでした。しかし，たとえば資産に減損が生じ，先取りしたOCIに当たる評価益の実現をもはや期待できないときにまで，それを実現利益に振り替えるとなるとどこか不自然な気がしませんか。利益の実現を望めないのに，OCIだけ利益として実現するというのですから。
> 　しかしこれを純利益へリサイクルさせなければ，キャッシュフローで純利益を決める企業会計の仕組みがおかしなものになりそうです。いろいろな可能性を考えてみてください。

　このように，OCIもOCI累計額も，再評価差額を投資の成果である純利益から除くために設けられたものですから，わざわざノイズを作り出さずに，最初から差額をOCIとする再評価などやらなければよいではないかと思う人も多いでしょう。確かに，その批判があたっているケースも少なくありません。バランスシートの指標に企業価値との安定的な関係を望めない以上，資産・負債の公正価値評価は損益を公正価値の変動で測るものだけに限るというのもひとつの考え方です。しかし，実物資産などはともかく，たとえば有価証券のように，その成果は別にしても保有する残高ぐらい測定の基準を統一したいという主張が，一種の常識論として説得力をもつ例もないわけではありません。金融投資の部分に合わせて，統一するなら公正価値ということになるでしょう。

　同じバランスシートの要素でも，実物資産は事業に使うものが大半であり，少なくとも現在の会計基準では公正価値評価の対象になるケースは限られています。他方で金融商品，特に（負債よりも）金融資産のケースでは，同一分類に属する資産のなかに，値上がり益を期待した金融投資の部分と，もっぱら契

約上のキャッシュフローを期待した事業投資の部分とがしばしば混ざり合っています。そのため、原価評価に統一すると金融投資部分の成果が利益から排除され、公正価値評価に統一すると事業投資の成果でないものが利益に含められることになってしまいます。金融商品を公正価値で評価したときは、事業投資部分の評価差額を実現するときまで純利益や留保利益から除いて繰り越す方法に、一定の合理性が認められてきたというわけです。

なお、ストックの評価を公正価値に統一した金融商品であって、評価差額のOCI処理を必要とするものには、事業投資の性質をもつ有価証券のほか、**キャッシュフローのヘッジを目的として保有するデリバティブ**（金融派生商品）などがあります。その評価差額もOCI累計額に含められ、純資産の一部として繰り越されています。たとえば、固定金利の借り入れで調達した資金を、変動金利の貸し付けで運用しているとしましょう。将来、金利が下がり利息収入が減ると、固定額の負債利子を引いた後の利益は下がりますね。こうしたリスクを減らすには、貸付金の全部または一部について変動金利を固定金利と取り換える金利スワップ契約が使われます。この例のようにキャッシュフローで投資の成果が決まるとき、それが変動するリスクを避けるのがキャッシュフロー・ヘッジです。

この金利スワップもデリバティブの一種ですから公正価値で評価されますが、ヘッジの対象となる貸付金は、公正価値の変動ではなく利息収入で成果が測られています。しかも変動金利ですから、仮に公正価値で評価をしても金利変動の影響を受けません。したがって、ヘッジの手段である金利スワップ契約を公正価値で評価替えしても、ヘッジの役には立ちません。この

評価差額をそのまま純利益に影響させたのでは，変動金利を固定金利に変えることによって利息収入の変動が投資の成果を変動させるリスクを回避（軽減）する，キャッシュフロー・ヘッジのもともとの目的が損なわれてしまいます。そのため評価差額を**繰延ヘッジ損益**として OCI 累計額に加減することにより，純利益から除外するとともに留保利益からも区別しているというわけです[6]。

> **Memo 7-4**
>
> デリバティブを使ったヘッジ取引については，**第 4 章**でも説明しました。そこで取り上げたのは，時価ないし公正価値の変動で成果が測定される金融投資の，その成果が変動するリスクをヘッジするケースでした。それに対して上記では，公正価値の変動ではなくキャッシュフローによって成果が測られる投資について，その成果が変動するリスクをヘッジする取引が問題でした[7]。
>
> 前者の公正価値のヘッジでは，ヘッジの対象も手段も，ともに公正価値測定して変動分を純利益に反映させれば，一方の利益と他方の損失が相殺し合うので会計上は特に難しい問題はありません。それに対してキャッシュフローのヘッジでは，ヘッジ手段のデリバティブに生じた公正価値の変動分を純利益に含

---

6) この場合には，変動金利が下がれば，受け取る額が固定されたまま将来の支払いが減りますから，それを先取りして金利スワップ契約の価値は上がります。その利益を OCI 残高に含めて繰り越し，減少した（貸付金からの）変動金利収入が生ずる期間に相当額をリサイクルさせれば，純利益への影響が緩和される結果になるのです。
7) 金融投資の性質をもつ資産や負債に生じた公正価値の変動も，利益認識においてはキャッシュフローの一種です。したがって，公正価値のヘッジから区別してキャッシュフローのヘッジというときのキャッシュは，そのような広い意味でなく，現金および現金同等物という狭い意味と考えるのが正確です。

> めると，ヘッジ対象のキャッシュフローが生じるまでは損益の一方しか認識されず，ヘッジ取引の効果が純利益に反映されないことになってしまいます。
>
> そのためキャッシュフローのヘッジでは，ヘッジ手段のデリバティブに生じた公正価値の変動分を純利益から除き，OCIとして繰り延べたうえ，ヘッジ対象のキャッシュフローが生じて純利益に反映されるときに，繰り越されてきたOCI累計額の対応部分を純利益に振り替えてそれと相殺するわけです。ヘッジというのはリターンの変動を軽減する取引ですから，なによってリターンを測るのかがヘッジ取引の会計処理を決めることになるのです。

また，**第6章**の退職給付債務のところで詳しい説明を省いた**数理計算上の差異**の調整額も，このOCI累計額に含められて繰り越されています。すでに述べたように，退職給付債務の見積りには，退職率とか死亡率，将来の昇給率などを含めて，数理計算上のさまざまな仮定を事前に設けなければなりません。それは保険数理人（アクチュアリー）と呼ばれる専門家に大きく依存する作業ですが，事前の仮定と事後に判明する結果とでは違ってくるほうが普通でしょう。それらの仮定を途中で変更しなければならないこともあるでしょう。そうした数理計算上の差異が引き起こす給付債務の価値の変動分は，純利益から除外されOCIの要素とされていましたが，その累積額がここに含められて純資産ストックの一部となっているわけです。

そのほかOCI累計額には，**第8章**で説明する連結作業に先立って在外子会社の外貨建て財務諸表を換算替えしたときの**為替換算調整勘定**などが含まれます。これは期末の為替レートで在外子会社の資産と負債を換算した純資産額と，その内訳項目である拠出資本や留保利益などを当初（取引日）に認識したと

きのレートで換算した額との差額です。現在の会計基準では,外国にある子会社の経済活動を本国の親会社から独立したものとみなし,その結果を期末日のレートで換算して親会社の財務諸表と連結しますが,そのときに生ずるこの差額には事業用資産を評価替えした差額と性格の近い要素が含まれていて,ただちに連結利益とするわけにはいきません。そのため,OCIの累積残高として繰り越すのです。もちろん,これは連結の純資産にしか出てきません。

4 新株予約権

　その他の包括利益累計額の内訳は,上述した評価や換算に伴う差額だけではありませんが,それよりもここでは,株主資本などと並ぶ別の純資産要素として,**新株予約権**に注目することにしましょう。これは,将来の決められた期日(期間)に,自社の株式をあらかじめ決められた価格で買う権利です。この価格(**権利行使価格**)より会社の株価が高くなっていれば,権利を保有する人はそれを行使して買った株式を売り,差額を儲けることができる一方で,儲からなければ権利を行使せずに失効させるというオプションです。これには将来の株価の上昇で儲かる可能性を見込んだ価値が生じますから,会社は資金を調達するのに新株予約権を単独もしくは社債とセットで発行したり,役員や従業員の報酬の一部に使って彼らに株価上昇の誘因を与えたりします。

　この新株予約権は株式ではありませんから,それを発行して対価の払い込みがあったとしても,払い込んだ人はまだ株主で

はありません。権利を行使して所定の額を拠出すればそのときに株主となりますが，権利を行使しなければ，株主とならずに払い込んだお金をおいていくだけです。したがって，これをバランスシートでどのように開示すればよいかは難しい問題です。株主との取引ではないので，対価の払い込みが会社の利益となるのを避けるには，新株予約権を負債にするしかないという意見もありうるでしょう。しかし，払い込まれた対価は，権利が行使されれば，権利行使価格分の払い込みと合わせて拠出資本となり，もし権利が行使されずに失効しても，会社に残されたまま株主に帰属するはずです。いずれにせよ株主持分ですから，純資産の要素とするのが自然です。

Memo 7-5
新株予約権を金融商品という面でみれば，売った側にとっては負債と同様の性質をもち，デリバティブとして継続的に公正価値（時価）測定されることにもなります。しかし，これは負債のように経済的資源を引き渡す義務がなく，発行会社は株式を発行して引き渡す義務を負うだけです。それでいて，払い込まれたオプションの対価は，権利が行使されてもされなくても会社のものとなり，最終的には株主に帰属するわけですから，負債か持分かと問われれば株主持分に近いという上記の結論に落ち着くほかはないでしょう。

ただし，純資産の要素であるとはいえ，それは株主が実際に拠出した資本というわけではなく，過去の利益が留保された分でもありません。要するに，前述した意味の株主資本とは異質な部分です。もっとも，米国基準や国際基準では，新株予約権を発行した時点で，将来それが行使されるかどうかにかかわり

なく，払い込まれた対価を拠出資本（資本剰余金）としてしまいます。新株予約権でも新株でも特に区別することなく，それらに対する払い込みを株主の出資とみなします。株主になったわけでもなく，株主となる意思の表明すらしていなくても，資本の拠出があったとみるのです。権利を取得した人がその権利を放棄した場合，彼の払い込んだ権利の対価は，従来の株主が受け取ってそのまま出資したとみればよいということなのでしょう。

しかし，新株予約権というのは新株購入の予約ではなく，購入予約の権利を表すものにすぎません。所定の時期に権利を行使して新株購入を予約するかどうか，つまり株主になるかどうかは権利行使時の株価次第であって，権利取得の段階ではまだ決められません。その意味では「新株予約の予約」みたいなものかもしれません。したがって，この権利の購入を資本拠出といえるかどうかは疑問です。むしろ，買った人が権利を放棄して会社に残していったお金は，会社の利益となって留保されたうえ，その時点の株主の持分になるとみたほうが事実に近いでしょう。それまでは純資産に含めても株主資本から区別しておくということです。日本の会計基準はこの立場をとっています。株主の持分だからすべて一緒にしてしまうのでは，資本と利益の区分が保証されなくなるからです。

Memo 7-6

説明を補う必要もないと思いますが，株主の持分だから認識当初より拠出資本にするというのであれば，利益の要素でも株主の持分に加わるという意味で，すべて認識の当初から拠出資本にしなければなりません。いったん拠出資本に分類されたものが利益に振り替えられることは原理的にありえませんから，

図表7-3　新株予約権の会計処理：国際比較

	米国基準・国際基準	日本基準
発行時	現　　金* xxx ／ 拠出資本 xxx	現　　金* xxx ／ 新株予約権 xxx
消滅時	・権利行使のケース 　現　　金** xxx ／ 拠出資本 xxx ・失効のケース 　なし	・権利行使のケース 　現　　金** xxx ／ 拠出資本 xxx 　新株予約権　xxx ／ ・失効のケース 　新株予約権 xxx ／ 利　　益 xxx

> 現金*は新株予約権の対価（報酬としてのストック・オプションではこれが労務費用に），現金**は権利行使価格分の払い込み。どの基準であれ，権利が行使されれば拠出資本は現金*と現金**の合計に。
> なお，日本基準の新株予約権は権利消滅までは性格が未確定。米国基準・国際基準ではオプションという名称を使っていても性格は拠出資本。

> それは資本と利益の区分という，企業会計のもっとも重要な基本原則を損なうことにもなってしまいます。新株予約権の発行に伴う純資産の増加が資本の拠出かどうかをいうためには，本来は権利行使の有無を待って，それが資本取引による純資産の変動にあたるかどうかを確かめることが必要です。

　このように，米国基準や国際基準では新株予約権が権利行使期間を待たずに拠出資本とされるのに対して，日本の基準では権利行使か失効かが決まるまで株主資本から区別され，拠出資本にも留保利益にもなりません。そして権利が行使されればその残高が拠出資本に振り替えられ，行使されずに失効すれば純利益を通して留保利益に振り替えられるのです。ちょっと難しい話になりますが，オプションが行使されないのは価値がゼロということですから，純利益に振り替えるのはそれを時価評価して差額を利益認識するのと結果は同じです。本当は権利が行使されたものも同様に時価評価すれば，新株発行が時価発行増資と同じ結果になるのですが，新株予約権を純資産の要素とす

ると，資産・負債の差額という性質上，評価替えはないのが会計の仕組みなので困っているのです。

> **Memo 7-7**
>
> ひところ純資産を狭く定義し，新株予約権をそこから除いて負債に含める試みもありましたが，それだと資産と負債から純資産を導き，さらにそこから利益を導くという資産・負債アプローチの根幹が崩れかねません。株主の拠出とはいえないから負債にするというだけでは，それが負債の概念にあてはまる保証はなく，事実上は先に純資産を決めて残余を負債にする結果にもなりうるからです。
>
> となると，純資産に戻るしかなくなって評価替えは難しくなりますが，最近では新株予約権を再測定したうえ差額を留保利益などに吸収させ，純資産全体としては評価替えがないようにするといった提案も国際会計基準審議会（IASB）から出されていました。再測定差額を利益に反映させるのはダメだが，留保利益ならかまわないということのようです。利益を留保したのが留保利益なのですから，疑問の多い提案で撤回されそうな見通しです。
>
> なお，新株予約権は役員・従業員の報酬としても付与されますが（ストック・オプション），その場合には対価の払い込みがありません。資産・負債に変動がないと純資産を増やすわけにはいかないので，現在の会計基準では流入する労働用役の消費に伴う労務費用を認識し，その相手勘定として新株予約権を計上することになっています。

5 子会社の非支配株主持分

ここまでは，企業集団の連結を想定せずに，法人格をもつ個

別企業の財務諸表を考えてきました。この節では、次の**第8章**の話題を先取りして、連結財務諸表に登場する純資産項目のうち、株主資本から区別されるものに着目してみましょう。次章を勉強する前でもわかる程度のことなので心配無用です。連結というのは子会社を親会社の決算に組み入れる手続きですが、子会社には親会社以外の外部株主がいるところもあります。親会社が子会社株式の仮に80%を保有していれば、残りの20%をもつ外部株主がいるわけです。この20%分の子会社少数株主は**非支配株主**と呼ばれ、子会社純資産の20%が**非支配株主持分**として連結上の純資産に含められます[8]。問題は、これと親会社の純資産、なかでも株主資本との関係をどのように考えたらよいかです。

> **Memo 7-8**
>
> 　混乱しかかっておられる読者のため、くどくなりますが説明を補っておきましょう。この例では、子会社株式の80%は親会社が保有しています。子会社純資産の80%は親会社に帰属するということです。親会社が子会社株式の80%をもつことにより、親会社の株主は親会社による（子会社投資を除く）事業成果の100%に加えて、子会社の事業成果の80%を自分のものにしているわけです。
>
> 　他方、子会社の残り20%の株主は、子会社の現在の純資産と将来の事業成果との20%に権利をもったまま、親会社にはなにも権利がない外部株主として連結集団に組み込まれます。**第8章**で説明しますが、親会社が子会社の株式を80%しかもっていなくても、連結決算では子会社の資産と負債100%を

---

8) ここでいう子会社の非支配株主は、これまで少数株主と呼ばれてきましたが、国際会計基準の用語が変わったのに合わせて、日本でもこのように変えられました。

> 企業集団に含めますので，親会社株主のものではない20％分が，非支配株主持分として連結の純資産に計上されるのです。

　ひとつの考え方は，子会社の外部株主（親会社以外の，上記では合計20％分を保有する非支配株主）も親会社株主と同じ連結企業集団の出資者とみなし，彼らの持分を親会社の純資産項目と切り離さずに連結の純資産として開示するというものです。他方，子会社の株主と親会社の株主では連結集団の成果に対する請求権の内容が大きく違い，連結情報は基本的には親会社株主のためのものだという立場からすると，子会社の非支配株主持分を本来は連結の純資産から区別すべきだということになるでしょう。米国基準や国際基準は前者の観点をとり，日本でも現在はほぼそれに揃えています。負債と純資産の中間項目としていた時期もありますが[9]，中間項目を認めない国際動向に合わせて純資産に含め，そのなかで前述の株主持分と区別する方式をとっています。

　このような観点の違いは，単なる純資産分類の問題にとどまらず，**第8章**で述べる連結の数値にもさまざまな影響を与えます。だからこそ，それは会計制度を支える根幹の理屈にてらして慎重に検討されねばなりません。子会社外部株主が親会社の財産や成果に対する請求権をもたない以上，彼らが親会社の株主と連結情報を共有する立場にあるというのは無理な理屈です。そもそも，そうした理屈は株主の権利に着目したものではなく，むしろ連結企業集団を一体とみてその経済活動を包括的にとら

---

[9] 米国でも，かつては同じように中間項目（メザニン）としていました。

える点を強調した結果にすぎないのでしょう。誰のための連結開示かという問いに答えるのではなく，しいていえば株主も含む関係者すべてのためということかもしれません。しかし，企業会計の仕組みや概念は，企業の成果が最終的に帰属する主体を基本に構築されているのです[10]。

---

10) その点は，債権者への利払いが会社の利益を減らす一方で，株主との取引（資本取引）による純資産の変動が会社の利益に影響しないところからも理解されるでしょう。それは，会社の成果が最終的には会社の所有者である株主に帰属する仕組みのもと，企業会計が株主に帰属する会社の成果を測るシステムになっているからです。開示制度上も，残余の請求権者である株主のための情報が，他の請求権者にも有益とされてきました。

Discussion

[7-1] 留保利益の性質

　円安が進んで輸入燃料価格が上がったため，電力会社が電気料金の値上げを示唆したところ，「留保利益があるのだから値上げをすべきでない」という意見が寄せられたとします。値上げそのものの可否という話は別にして，この理屈の説得性を検討してください。留保利益がなく，資本金や資本剰余金だけが残っている場合はどうでしょうか。

[7-2] 留保利益と配当制限

　留保利益の額は，株式会社に対する債権者の請求権を保護する法律や契約等で，配当をはじめ株主への分配を制限する際の限度額としてしばしば使われる指標です。留保利益の額を超えて会社財産を払い出さなければ債権者の債権価値は損なわれないという話のようですが，どうしてそういえるのか，どこまでそういえるのかを考えてください。ちなみに留保利益の総額でなく，債権を取得した後に留保された利益の額だったらどうでしょうか。

[7-3] 損失の繰り越し

　損失は純資産から差し引かれますが，その額が留保利益を上回ると資本欠損になります。そうなったときには，資本剰余金や，場合によっては資本金を取り崩して填補することもあれば，そのまま損失を繰り越すこともあります。どちらでも実態は変わらないはずですが，填補するか繰り越すかでなにか違いが生ずるでしょうか。

[7-4] 債務超過と倒産

　第1章の Discussion [1-3] で債務超過を取り上げました。そ

れは，負債が資産を超える状態，つまり純資産がマイナスになっている状態でした。数字のうえでは破産状態にみえますが，それでもただちに倒産するとは決まりません。どうしてでしょうか。

[7-5] 自己株式の購入と処分

自社の株式を取得したときは資産に含めず純資産（資本）から控除し，それを処分したときには差益（取得額を処分による代金収入が超えた分）を資本剰余金とするのが現行の会計基準です。しかし，実質上，自社株買いは株式の消却と変わらず，その処分は新株の時価発行と変わりません。それなら自社株を取得したときに支出額だけ純資産の内訳項目を減額させ，処分したときは（差益でなく）代金収入の全額を拠出資本にすべきだという意見が出ると予想されますが，あなたはどう思いますか。

[7-6] 剰余金区分の意味

未分配の利益としての留保利益（利益剰余金）も，拠出資本の一部である資本剰余金も，株主持分のストックという点では変わりがありませんが，会計上は源泉に基づいて両者を厳格に区別してきました。源泉の区別は企業会計の本質的な課題ですが，源泉の流出入が累積した残高にまで区分を要請するのは，会社法（以前は商法）の配当制限によるものとみられています。しかし，その区分が法の規制と対応しなくなった現在，「元入れ資金と稼いだお金とが，なぜ金庫に入った後まで別なのか」と問われたら，あなたはどう説明しますか。

[7-7] 資本剰余金からの配当

日本の現行基準では，資本剰余金を財源として配当が支払われた場合，受け取り側では売買目的の株式である場合を除いて，それを収益とせずに株式の簿価を減額させることになっています。それにどのような意味があるのかを考えてみてください。

[7-8] 新株予約権の性質

　国際会計基準では，新株予約権の発行対価は資本剰余金の要素とされ，権利行使がないまま失効してもその性格は変わりません。そこで，多額の寄付金をもらえることになった会社が，寄付者に新株予約権を購入したうえ権利を放棄するように依頼し，この払込金は拠出資本であって課税されるべき所得（利益）ではないと主張したらどうなるでしょうか。もちろん，税務署は相手にしないでしょうが，理屈の問題として考えてみてください。

[7-9] デット・エクイティ・スワップ（DES）

　財務的な困難に陥った会社の再建では，負債を出資に切り替える取引がよく使われます。一般には負債をその時点の時価（公正価値）で拠出資本に振り替えますが，それによって会社の資本と利益はどのような影響を受けるでしょうか。

[7-10] 負債と持分

　バランスシート上の純資産（資本）は，まず資産の総額を決めたうえ，そこから負債の総額を控除した文字どおりの残額になっています。企業所有者（株主）の持分という共通属性はあるとしても，雑多な要素が混入しやすいのは否定できません。そのため，最近は残余請求権を先に決めて資本を定義し，残りを負債にしようという試論や，負債か資本かという二分法をやめたらどうかといった議論も聞かれます。頭の体操としてそれらの可能性を検討し，資産・負債アプローチに及ぼす影響を考えてみてください。

第 **8** 章

企業結合の会計情報

Contents

1 企業集団と連結情報
2 バランスシートの連結
3 損益計算書の連結
4 連結利益の概念
5 関連会社と持分法
6 合併と取得会社

1　企業集団と連結情報

　これまでの各章で取り上げた会計情報は，基本的には個別企業を単位とするものでした。法人格をもった会社ごとの，いわば**単体**ベースでの財政状態や経営成績を問題にしてきたわけです。しかし，一般の投資家が投資の対象とするような有価証券の発行会社は，株式の保有などを通じて支配する多くの**子会社**や孫会社をもち，それらを合わせた**企業集団**として活動しているのが普通でしょう。**親会社**が自ら投資をする代わりに，それを集団内部の他社にやらせ，保有する株式価値の上昇や配当収入を通じて成果を吸い上げると同時にリスクを負担しているわけです。ただし，この場合に親会社がもつ他社の株式は，価値が変動しても時価評価されません[1]。そのため，親会社単独の会計情報をみるだけでは，親会社の財政状態も経営成績も正しく評価できないのです。

　たとえば，親会社単独では利益が上がっているのに子会社の業績が悪化していれば，それはいずれ親会社に波及してくる可能性がありますね。反対に子会社が好調なら，親会社にとってはよい前兆かもしれません。すべての子会社について個々に情報を作成しなくても，それを簡単な数値に集約したものがあれば，親会社にとっては一種の先行指標になることも期待されるでしょう。また，子会社を使った親会社の会計操作，たとえば

---

1) 後述のように，親会社にとって子会社の株式は自己株式みたいなものですから，それを時価評価しないのは自己株式を時価評価しないのと同様に考えればよいでしょう。

売れなかった商品を子会社に売りつけて利益を出すとか，時価が簿価を上回る土地を，子会社に代金を融資して買い取らせた利益で債務超過を埋め合わせ[2]，土地は借りてそのまま使い続けるといった操作（事実上，継続企業には許されない事業用資産の簿価切り上げにあたる）は，親会社の財務諸表だけではよくわからないでしょう。

 その問題を解決するには，親会社単体の情報とは別に，子会社なども含めた企業集団を単位とする会計情報を用意しなければなりません。いわゆる**連結財務諸表**です。親と子を合わせた家族の財産や借金，それに所得を計算するようなものと思ってください。そのためには，親子の数値を合計するだけでなく，親子間の取引（子ども同士の取引もありますから，正確には家族間の内部取引）を取り除かなければなりません。家族の間の貸し借りや売り買いは，一家の対外的な関係とは別問題だからです。こうした連結の会計情報は，これまでの単体情報と性質が異なるわけではなく，むしろそれらに加工したものというべきでしょう。連結財務諸表は単体の財務諸表から作られるのです。ただ，その手続きはかなり複雑ですので，ここではごく基本的な考え方の説明にとどめます。

 連結の方法をみる前に，まず**連結企業集団**とはどの範囲の会社なのかが決まらなければなりません。実質的な支配・従属関係があって，事実上，企業集団を形成している会社には違いないのですが，その選び方で連結情報が違ってきますから，当事者の判断にまかせておくわけにもいきません。決め手になるの

---

2) 債務超過とは，バランスシート上で負債が資産を上回り，純資産がマイナスになる状態です。形式上は破産状態で，東京証券取引所（第1部と第2部）では連結で2期連続すると上場廃止になります。

は，やはり株式の保有比率という形式基準です。原則として議決権株式の過半数を支配しているときに，その会社を子会社とみて連結するとともに，保有比率はそれ以下でも意思決定を実質的に支配しているものを加えるというのがほぼ世界共通のルールです。実質的な支配をどう判断するかは依然として問題なのですが，役員の過半を送り込んでいるとか，重要な意思決定を支配する契約があるといったものを含めて，いろいろな基準が模索されてきました[3]。

　子会社に該当する会社が決まったら，親会社の財務諸表とそれら子会社の財務諸表とを連結します。そのやり方は，ひとことでいってしまえば，それぞれの財務諸表を合算したうえで，連結会社間の取引にあたる分を相殺消去するだけです。説明を単純化するため，以下では子会社が1社だけと仮定しますが，この子会社に対する親会社の持株比率にかかわらず，親会社のバランスシートに計上されている子会社株式の部分に，子会社バランスシート上の資産と負債が，親子会社間の**内部取引**を除いたうえで代入される結果になるのです。親会社のもつ株式の比率が100％を下回ると，その分だけ子会社資本の一部も引き継がれますが，とりあえず100％子会社（完全子会社）のケースで，図表8-1をみながらこの点を直感的にイメージしてください。詳しくはこれから説明します。

---

[3] 議決権株式の過半数をおさえれば会社の意思決定を左右できますし，親会社が複数になる心配もありません。なお，持株比率が基準に達しなくても実質支配が認められれば子会社とされますが，逆に形式基準を満たしても，親会社の支配が十分でないもの（更生会社など）とか一時的なもの，あるいは継続企業と認められないもの（破産会社など）は連結の範囲から除かれます。

図表8-1 連結のイメージ

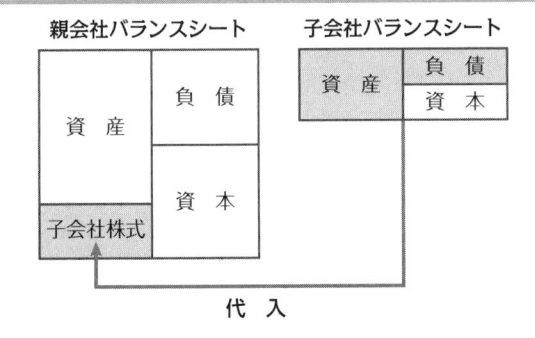

親会社バランスシート／子会社バランスシート：親会社の資産のうち「子会社株式」が、子会社バランスシート（資産／負債・資本）に「代入」される。

2 バランスシートの連結

　順序としてバランスシートの連結から始めましょう。まず，連結を開始する時点で（そのときだけです！）子会社のバランスシートを各項目の公正価値で全面的に評価替えします。公正価値で測定し直すのは，子会社の取得が企業買収にあたるからです。他社を買収するのであれば，承継する資産はその時点の時価ないしはそれに代わる金額で購入し，負債もその時点の価値で引き継ぐはずでしょう。もちろん，すでに営業を続けている会社を買うのですから，その会社のバランスシートに計上されていない資源にも対価を支払うことがあるでしょう。オンバランスの資源だけを買い揃えてみても，会社をそれまでのように動かすことはできません。それらについては原則として対価を支払ったものが，後述するように連結作業のプロセスで認識されることになります。

　それができたら，今度は上述のように，①親会社と子会社の

バランスシートを項目ごとに合算し，②親子会社間の取引を相殺消去します。たとえば子が親にお金を借りていれば，親会社バランスシートの左側にある子会社への貸付金と，子会社バランスシートの右側にある親会社からの借入金とを相殺します。誤解や不正がなければ，一方が貸している額と他方が借りている額は同じになるはずですから，これを相殺すればきれいに消えて差額が残りません。ほかにもこのような内部取引の結果が両社のバランスシートに残っていれば，同様にして相殺消去していきます。ただし，先ほど例に挙げたような親子会社間で商品や土地などを売買しているときは，売買価格が簿価と同じでない限り損益計算書にも影響が及びますので，次節で説明します[4]。

バランスシート上の内部取引で難しいのは，親会社がもつ子会社株式（投資勘定）です。これは連結集団にとって株主持分から控除される自己株式に類似したものとして，子会社バランスシート上の純資産（資本）と相殺されます。この投資と資本の相殺を**資本連結**と呼びます。わかりにくければ，親会社が全額出資をして，子会社を新規に設立した当初を考えてください。出資額が仮に1億円だとすれば，親会社は1億円の子会社株式を取得し，新設の子会社バランスシートは，左側に現金が1億円，右側に純資産が1億円だけというシンプルなものになっています。この両社を連結して親子一体のバランスシートを作るには，親会社のもつ子会社株式と子会社の純資産（資本）とを相殺して，親から子に移った現金1億円だけを残すことになる

---

[4] 売買価格が簿価に等しい場合は，評価額を変えずに親子会社間を移動しているだけですから，親子を一緒にした連結ではそのまま放っておけばよい話です。

のがわかるでしょう。

しかし，親会社が保有する子会社株式は，このような子会社の設立にあたって取得され，そのまま子会社純資産と相殺されるものばかりではありません。段階的に取得されているときは，保有する間の価格変動などで評価が変わっているのに加え，現行の会計基準では最初に連結をするとき，これらをあらためてその時点の公正価値に評価替えします。他方で，子会社の純資産も利益の留保や配当などで変動し，しかも前述したように連結開始時点で評価替えされます。結果として，親会社の投資勘定は一般に子会社の純資産と同じ額にならず，相殺しても差額が残ることになるわけです。投資勘定のほうが子会社純資産より大きければ，連結上この相殺差額は資産側に残り，子会社の取得対価が取得した純資産の額を超える**のれん**としてその後に繰り越されます（図表8-2(a)）。

Memo 8-1

　子会社とする前の子会社株式は，関連会社株式として処理されていた部分（親会社単体では取得原価評価，連結では後述の持分法評価）を除いて時価で評価されており，また支配を取得するのに追加購入した分は時価で取得されていますから，評価替えをするまでもなく公正価値になっているはずです。実質的な評価替えは関連会社株式だった分か，特別な理由で時価評価されていなかった分についてでしょう。

　他方，子会社の資産と負債は，前述のとおり連結開始時に公正価値で評価替えされます。その純資産額よりも子会社株式の時価が小さいとしたら，子会社を解散して残った現金を株主に分配するほうが彼らの利益になるはずですが，現実には会社が継続しているのですから，株式の評価額が純資産額よりも大きく，のれんが正になるのが普通の状態でしょう。負になるケー

図表8-2 投資と資本の相殺（資本連結）

(a) 100%保有のケース

親会社B/S上の子会社株式　　子会社B/S上の純資産

100%：親会社持分

のれん

(b) 80%保有のケース

親会社B/S上の子会社株式　　子会社B/S上の純資産

80%：親会社持分
20%：非支配株主持分

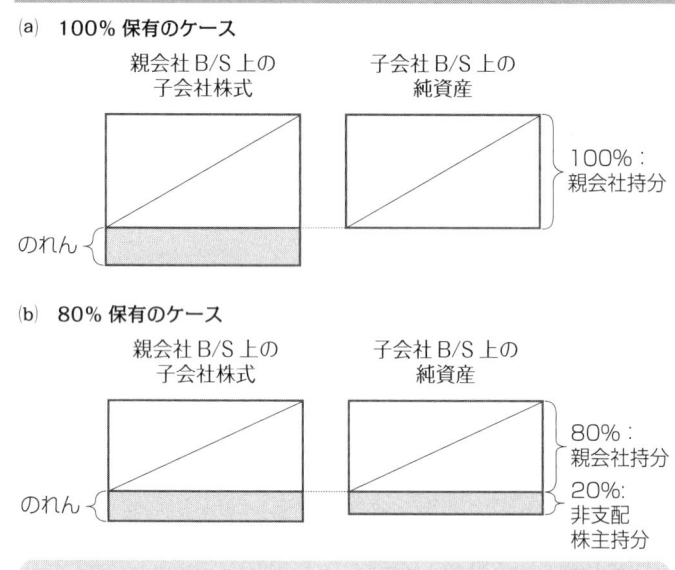

のれん

図の斜線部分が相殺消去され，グレーの部分が連結後に引き継がれる。

ス（日本では意外に多い）は，当面，例外としておきます。

したがって，親会社の保有する子会社株式と子会社純資産とを相殺したときは，一般に資産の側に差額が残って連結後に引き継がれ，連結する資産や負債を超えた無形の価値を取得したという意味で，**有償取得のれん**と解釈されることになるわけです。これは対価を支払って取得したのれんですから[5]，第3章で述べた自己創設のれんではなく，連結開始時に確定した額（取得原価）がその後に引き継がれます。

---

5) 親会社の投資勘定（子会社株式の勘定）が時価に評価替えされている点で，支出した対価の額とは違いますが，その評価額は子会社としないで株式を売却すれば得られる現金の額であり，それを犠牲にしているという意味で取得の対価とみることが可能です。

上記では親会社が子会社の全株式を保有するケースを想定していましたが，もし100%でなく，たとえば80%だったらどうでしょうか。その場合，親会社の投資勘定と相殺されるのは，子会社純資産のうち親会社持分である80%分ということになります。親会社の投資がそれを上回って，相殺しても消去されない分は，上記と同じく，のれんとして連結後に繰り越されます。他方，相殺消去の対象とならなかった子会社純資産の20%分は，親会社以外の外部株主の持分に相当し，従来は**少数株主持分**，最近では**非支配株主持分**という名称で連結のバランスシートに引き継がれます（図表8-2(b)）。以前は連結の資本から除かれ，親会社の純資産である連結資本と負債との中間項目とされていましたが，現在の基準ではこれが連結資本（純資産）に含められています。

Memo 8-2

図表8-2(b)を補うため，上述した資本連結の数値例を仕訳の形式で示しておきます。他社の発行済み株式の80%を，120（金額単位を省略）で取得して子会社にしたとします。その資産・負債を公正価値で評価替えした後の純資産を100とすれば，

　　　子会社純資産　　80　／　親会社投資勘定　　120
　　　（連結）のれん　　40　／
　　　子会社純資産　　20　／　非支配株主持分　　20

この非支配株主持分の性格をどのようにとらえ，バランスシートのどの部分に分類するかは，連結利益の概念や大きさに影響する可能性のある問題ですが，これを親会社の純資産と同質的な連結資本の要素とみる米国基準や国際基準に対して，日本の会計基準では，それに合わせて連結の純資産に含めながらも，親会社の拠出資本と留保利益からなる株主資本とは区別する方法をとっています（**第7章5節**）。

以上が資本連結（投資と資本の相殺）の核心部分ですが，海外の会計基準には，新たにもう1つルールがつけ加わっています。それは，親会社の投資勘定と相殺されなかった子会社の非支配株主持分を，公正価値に評価替えして連結後に引き継ぐというルールです。連結にあたって子会社純資産は公正価値に評価替えしたはずですが，それは資産・負債を個別に評価しただけで，子会社純資産を丸ごと株主持分の公正価値で再評価したものではありません。その純資産を親会社の持分についてはそのまま親会社の投資と相殺する一方，残りの非支配株主持分は，親会社の投資勘定に合わせて子会社株式の公正価値（時価）に直そうというのです。結果として資産側ではのれんが増減し，親会社が全株式を保有するときと同様になります。これを**全部のれん**といっています。

　しかし，非支配株主持分は，親会社が取得した子会社の株式と違って，企業結合取引にかかわらなかった子会社株主の持分残高であり，連結企業集団の投資ではなくその株主の投資にすぎません。これを公正価値に評価替えするというなら，同じく連結集団の株主である親会社株主（親会社でなく）の持分も評価替えが必要ですが，それが自己創設のれんの計上になるのは自明です。非支配株主でも同じです。しかし，連結のバランスシートには内部取引によるものを除いて子会社の資産と負債のすべてが計上されるのに，のれんに限って親会社の分だけしか計上されないのはおかしいという考えから，非支配株主の分を加えた被取得会社の全部のれんを計上する話が出てきました。国際会計基準も当面はその適用を強制していませんが，将来はどうなるかわかりません。

3 損益計算書の連結

　前節ではバランスシートだけで完結する連結の話をしましたが，損益計算書についても，親子会社を連結するには両社の数字を合算し，そのうえで親子間の取引を相殺しなければなりません。子が親に借金の金利を支払っていれば，双方の損益計算書から，支払利息と受取利息を相殺して消去します。配当金の支払いならば，**株主資本等変動計算書**を通じてバランスシートに影響する支払配当金と損益計算書上の受取配当金とを相殺します。そのほかにもいろいろあるでしょうが，面倒なのは前節で少しふれた親子間での売買取引です。利益を伴わずに親子間を財が移動しているだけなら，売りと買いに対応する項目を相殺すれば済みますが，利益を伴っているときは，その財が連結集団にとどまっている部分に内部の未実現利益が含まれますので，それを除く作業が必要になります。

　問題をできるだけ単純化するために，まず親会社が原価120（金額単位を省略）の製品を子会社に150で売却し，子会社がそのすべてを外部の消費者に180で販売したケースから考えましょう（ケース1とします）。親が25%，子がその上に20%という高いマージンを乗せていますが，計算をしやすくするためなので大目に見てください。両社の損益計算書から該当部分だけを抜き出すと，図表8-3のようになるでしょう。それらを合算したうえ，図表内の取り消し線のように親子間の取引を相殺消去すれば連結の損益計算書が得られます。このケースでは，製品がすべて連結集団の外へ売却され，子会社の損益計算書上，

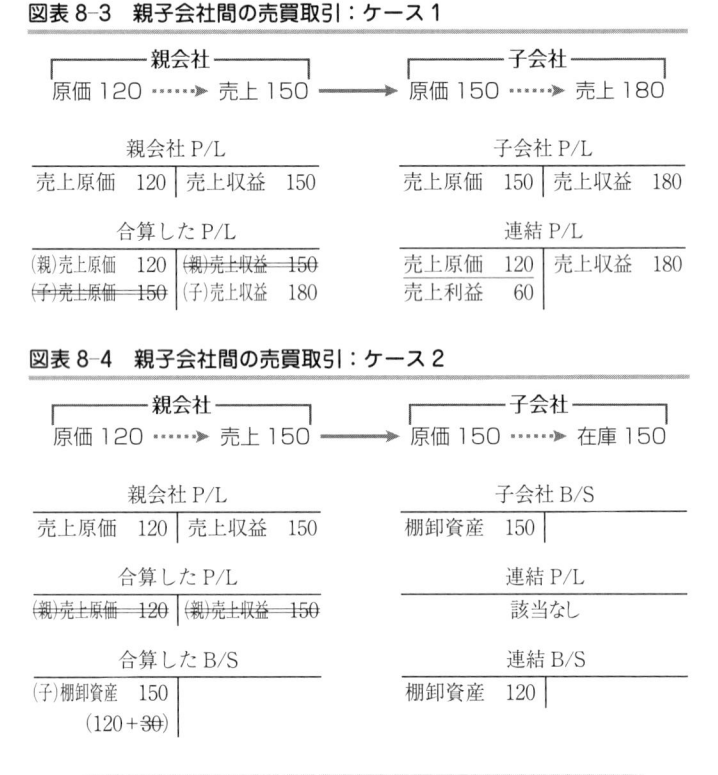

図表8-3　親子会社間の売買取引：ケース1

```
┌──── 親会社 ────┐              ┌──── 子会社 ────┐
原価 120 ……▶ 売上 150 ─────▶ 原価 150 ……▶ 売上 180
```

親会社 P/L			子会社 P/L		
売上原価	120	売上収益 150	売上原価	150	売上収益 180

合算した P/L			連結 P/L		
(親)売上原価	120	~~(親)売上収益~~ ~~150~~	売上原価	120	売上収益 180
~~(子)売上原価~~	~~150~~	(子)売上収益 180	売上利益	60	

図表8-4　親子会社間の売買取引：ケース2

```
┌──── 親会社 ────┐              ┌──── 子会社 ────┐
原価 120 ……▶ 売上 150 ─────▶ 原価 150 ……▶ 在庫 150
```

親会社 P/L			子会社 B/S	
売上原価	120	売上収益 150	棚卸資産 150	

合算した P/L			連結 P/L
~~(親)売上原価~~ ~~120~~		~~(親)売上収益~~ ~~150~~	該当なし

合算した B/S			連結 B/S	
(子)棚卸資産	150		棚卸資産 120	
(120+~~30~~)				

> B/Sには棚卸資産のみを掲記（ケース3，図表8-5も同じ）。

親会社から買った150が売上原価になっていますので，それと親会社の売上収益150とを相殺すればよいのです。両社単体の売上利益は，連結上もすべて実現しています。

それに対して，親会社から買い取った製品150を子会社が連結集団外部へ販売しないまま，期末時点ですべて棚卸資産として社内にとどめている場合（ケース2）では，親会社の売りと子会社の買いとを相殺したくても，子会社の損益計算書に該当項目がありません。このケースをまとめた図表8-4でも，子会

社の損益計算書はなく，製品在庫（棚卸資産）がバランスシートに掲げられているだけです。この製品在庫は子会社にとっての取得原価で計上されていますが，その額150は，親会社の取得原価120と，親から子に売ったときの**内部利益**30との合計です。この30を，同じ未実現利益を生んでいるにすぎない親会社の内部取引（売上収益および売上原価）とともに消去しなければなりません。合算した損益計算書とバランスシートに，図表内の取り消し線で示したとおりです。

現実のケースは多くがこれら両極端のどこか中間にあり，製品の一部を連結集団外部へ販売し，一部を期末在庫として保有するものでしょう。たとえば子会社が親会社から買い入れた製品150のうち，5分の3にあたる90を外部へ108で売り（マージンは150全部を180で販売したケース1と同じ20％），5分の2にあたる60が子会社にとどまっているとします（ケース3；図表8-5）。このとき，子会社の損益計算書に示された売上原価90は，親会社にとっての原価120の5分の3にあたる72と，親会社が子会社に製品を売ったときのマージン25％分の内部利益18を足したものです。また，子会社のバランスシート（図表では省略しました）に計上される製品在庫60は，親会社の原価120の5分の2にあたる48と，親会社のマージン25％分の内部利益12を足した合計です。

当面の例では，子会社が製品を外部に販売することで連結企業集団の利益を実現させる仕組みになっていますので，連結にあたっては，合算した損益計算書に並べられた項目のうち，子会社の売上収益108をそのまま残します。そのうえで，親会社の売上収益150と売上原価120とを相殺し，消去されずに残る30については，子会社の売上原価に含まれる内部利益18と，

図表8-5　親子会社間の売買取引：ケース3

```
┌──── 親会社 ────┐      ┌──────── 子会社 ────────┐
原価120 ┈┈▶ 売上150 ──▶ 原価150 ┈▶ 90 ┈▶ 売上108
                                  ┈▶ 60 ┈▶ 在庫 60
```

親会社P/L			子会社P/L		
売上原価	120	売上収益　150	売上原価	90	売上収益　108

合算したP/L			連結P/L		
(親)売上原価 120		(親)売上収益 150	売上原価	72	売上収益　108
(子)売上原価 90		(子)売上収益 108	売上利益	36	
(72+18)					

合算したB/S			連結B/S		
(子)棚卸資産 60			棚卸資産	48	
(48+12)					

> 子会社単体のB/Sは省略（合算したB/Sと同じ）。

　合算したバランスシートにある棚卸資産のうちの内部利益相当額12との合計30と相殺して消去します（子会社の売上原価90と，親会社売上原価のうち，子会社で売れ残った5分の2にあたる48を消去しても同じです）。それによって連結の損益計算書では，内部利益を消去した売上原価72が売上収益108に対応させられ，また連結のバランスシートには，内部利益を除いた後の棚卸資産48が計上されることになるわけです。

　ちなみに，上記の例は親から子への**ダウンストリーム**の取引でしたが，それと逆方向の**アップストリーム**の取引では，子会社の利益に含まれる内部利益を，子会社の非支配株主に帰属する連結利益との関係でどう考えるかといった問題が出てきます。これについては，内部利益の額を持分比率で親会社分と子会社非支配株主分とに分け，それぞれに帰属する連結利益から差し引くことになります。また，設備など固定資産の売買では，連

結すると過去の減価償却にも影響が及んでしまいますが，考え方は上述したところと基本的に変わりません。要するに，前節で説明したバランスシートの連結では投資と資本の評価替えと相殺消去が，また，この節でみた損益計算書にかかわる連結では内部取引に基づく利益の除去が，全体の理解を左右するポイントです。

4　連結利益の概念

　以上でみたとおり，親子会社を連結した企業集団の利益をとらえるには，①親子会社の損益計算書を合算したうえで，②親子会社間の取引による内部利益の要素を取り除く，という手順がとられます。しかし，作業はそれで終わりではありません。その先には，近年の急激な会計基準の変化にかかわる，論争のきわめて多いステップがあります。あったというべきかもしれません。少なくとも従来の基準では，上記の結果に続き，③資本連結の結果としてバランスシートに表れた有償取得のれんを償却し，さらに④子会社利益のうち親会社の持分に対応しない分，つまり非支配株主（従来の用語では少数株主）に帰属する分を控除して，連結利益が決められていました。最近の米国基準や国際基準ではこれらが消えてしまいましたが，重要な問題なので説明しておきます。

　まずのれんです。これは，親会社からみれば対価を支払って取得した子会社資本価値の一部でした。保有する子会社株式が公正価値に評価替えされているときは支出した額と違いますが，前述のようにそれを売れば得られる現金を犠牲にしている点で

は，子会社に対する支配を継続するための対価に変わりはありません。その大きさが，承継する資産や負債を個別に測定した純資産額を超える部分がのれんですから，それは子会社投資の一部であることに間違いないでしょう。投資の一部である以上，有形固定資産に対する投資と同じように償却し，その費用を連結利益で回収していくというのが従来の会計基準でした。しかし，現在の米国基準と国際基準では**のれんの償却**を禁止し，価値が下がったら**第5章**でみた減損処理の方法で簿価を切り下げることになりました。

　それに対して日本の基準では，のれんは規則的に償却したうえで，さらに減損が生じたときにはその処理も併用することにしています。のれんは将来の企業成果が資本コストを超過する分，つまり正常利潤を超える**超過利潤**の期待ですが，時間の経過とともに期待は事実に変わって消滅しますから，超過利潤が永久に続かない限り減価していくのは避けられません。たとえば10年分の超過利潤を期待していても，1年目の超過利潤が実現すれば，期待は残り9年分に減るということです。もちろん会社は投資活動によってたえず期待を新しく創り出し，のれんの価値を維持しようとしますが，それは減価したのれんを新規に自己創設したのれんで補っているにすぎません。のれんを償却せずに繰り越すのは，その意味で自己創設のれんを計上する結果にもなるのです。

　そもそも減損をとらえようにも，子会社の事業を親会社の関連諸事業に組み入れた後で，引き継いだのれんをどうすれば一体として認識し，その価値を評価することができるのか，結合の前後を問わず取得会社で形成された分を含めて，現在ののれん価値を測るだけではないかなど，根本的な疑問は解消されま

せん。のれんを関連する資産グループに配分してそれぞれに回収可能性を確かめ，回収を見込めない分はまずのれんから減損させることになっていても，収益性が高い単位に傾斜配分すれば，いつまでも減損が認識されないかもしれません。規則償却の廃止は，米国での政治的な取引の産物だったともいわれます（詳しくは**第9章**）。米国基準や国際基準に比べて，のれんを従来どおり償却する日本基準では連結利益が違ってきますが，それを国際基準に揃えるという話にはなっていないようです[6]。

> **Memo 8-3**
>
> 　国際会計基準では，資金生成単位にのれんを配分して加えた後の資産グループの簿価が，そこから期待されるキャッシュフローで回収されない分を，配分された額を限度としてまずのれんの減損に充当します。回収される見通しなら，そこに配分されたのれんに減損は生じません。しかし，複数のグループに配分したのれんをこのように減損させた額の集計値が，取得した子会社から引き継いだのれんを評価した結果だとなぜいえるのか，大きな疑問というほかはありません。
>
> 　話を簡単にするため，資金生成単位が1つだけとして，のれんの簿価を事業用資産の簿価に加えた総額の回収可能性を考えてみます。それは，企業結合にあたって子会社から承継したのれんを，親子会社を合わせた連結集団の，現時点における未認識のれんと比較するものでしかないでしょう。自己創設のれんを評価し，それよりも連結のれんの簿価が小さい間はそのまま据え置くことで，結果的に連結のれんの減損を自己創設のれんで補塡しているにすぎません。

---

[6] なお，のれんがマイナスになるケースでは，即時に一括して連結利益に計上されます。日本基準では負ののれんも規則償却してきましたが，国際基準に合わせてこのように変えられました。

次に**非支配株主に帰属する子会社利益**ですが，これを差し引くかどうかは，連結利益を親会社の株主に帰属する連結企業集団の成果とみるか，親会社株主も子会社の外部株主も一緒にした，企業集団それ自体の成果とみるかの違いとされています。連結の会計情報を親会社株主のために作るのか，子会社の非支配株主を含む連結企業集団の出資者すべてに向けて作るのかという，**連結の主体**をどうみるのかの違いともいえます。前者の考え方を**親会社概念**，後者を**経済的単一体概念**などと表すこともありますが[7]，どちらを選ぶのかで，連結利益や連結資本に子会社非支配株主の利益や持分が含まれるかどうか，さらには連結のれんが上記の全部のれんになるかどうかが決まるというわけです。そのように考えれば，最近の会計基準は後者の概念にシフトしているのかもしれません。

しかし，**第7章5節**でもふれましたが，親会社の株主と子会社の外部株主では，同じく連結集団の株主といってもその権利の内容は大違いです。親会社株主は親会社と子会社の両方に対して持分にみあう請求権をもちますが，子会社の外部株主には親会社がどれだけ成果を上げてもその分け前を請求する権利はありません。連結企業集団のガバナンスについては，確かに子会社外部株主は親会社株主の大半と同じように「非支配」株主ですが，株主としての請求権にてらしてみれば，彼らは親会社の会計情報を要求する立場にはないのです。したがって，子会

---

7) 経済的単一体概念は，親会社株主であれ子会社非支配株主であれ，そもそも株主とは独立の企業集団それ自体を連結の主体とみる考え方といわれることもあります。しかし，企業の成果も最後は個人に帰属しますから，そうしたフィクションにどれだけの意味があるかは疑問です。

図表 8-6　親会社株主と子会社非支配株主

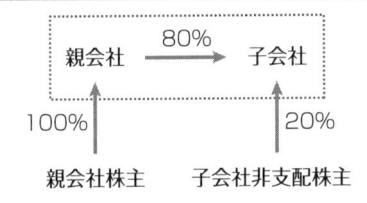

```
         親会社 ──80%──▶ 子会社
           ▲              ▲
         100%            20%
           │              │
        親会社株主    子会社非支配株主
```

> 矢印は，向いている方向の会社に対して請求権があることを示す。

　社外部株主も親会社株主と同じ連結企業集団の株主であり，共通の利害で連結情報を要求するといったリアリティーに乏しい連結主体観を，そのまま連結利益の概念に直結させるのはどこかで破綻を招きかねません（図表8-6）。

　従来はこの非支配株主に帰属する子会社利益を差し引いて連結の純利益を開示してきたのに対して，上記のように米国基準や国際基準では，これを含めたものを連結利益としたうえ，親会社株主に帰属する分と子会社の非支配株主に帰属する分を内訳で記載する方式に変えることとなりました。日本基準も，連結主体観との関係はとりあえず横に置いたまま，国際基準に合わせて同様の記載方式をとっています。ただし，1株当たりの利益を出すときにはこの連結利益では意味がありませんので，子会社外部株主の分を差し引いた親会社株主に帰属する分を，親会社の発行済み株式数で割ることになります。いずれにせよ連結利益の概念は，連結資本や連結のれんの概念などと合わせ，より体系的な理屈に基づく再検討が必要ですが，それは今後に期待するしかありません。

Memo 8-4

　1株当たり利益（EPS）は，株式投資においてきわめて重要な指標とみられてきた株価収益率（株価利益倍率；PER）の分母になります。ちなみにそこでの利益は純利益であって包括利益ではありません。分子は親会社の株価です。投資家は所与のPERのもとで，それとEPS（の予測値）とから株価の目安を得るといわれています。そうした1株当たり利益の重要性を考えれば，連結会計情報でもその予測に使われる親会社株主分を連結純利益とすればよさそうなものですが，そうしないのは利益を株主の観点からではなく，連結企業集団という報告主体の観点からとらえようとしているからでしょうか。

Memo 8-5

　上述した問題との関係で，もう1つ，少し難しくなりますが，最近の会計基準の変化にふれておきましょう。親会社が子会社株式を追加取得したり，逆に一部売却したりしたときの扱いです。追加取得に伴って非支配株主持分から振り替えられる親会社持分を追加投資額と相殺した差額は，従来はのれん（または負ののれん）を経由して連結利益に影響させられましたが，新しい基準ではこれが資本剰余金に加減されることになりました。また，支配関係を継続したまま子会社持分の一部を売却したときも，親会社持分の減少額と売却価額との差額が，連結利益ではなく資本剰余金の要素とされました。

　要するに子会社である間はその外部株主も連結企業集団の株主であり，彼らとの取引はすべて資本取引になるから連結利益には影響しないということです。とはいえ，子会社としたままであればともかく，子会社投資を清算した場合には，まだ子会社の範囲といえる50％強までの分も含めて売却益が連結利益に算入されることを考えると，これについてはまだ検討の余地が残っているように思われます[8]。追加取得でも類似の問題

---

8) たとえば70％を保有する子会社株式を，①50％強まで減らした場合，②50％未満まで一気に減らした場合，③最初は50％強まで，

は出てきますが，難しくなりすぎるので立ち入りません。余裕のある人は，一部売却のケースからの類推で考えてみてください。

5 関連会社と持分法

　本章のこれまでの主題は，子会社つまり自社が支配している会社の財務諸表を，自社の財務諸表と一体化して開示する連結のルールでした。それは，実質上1つの単位として行動している企業集団を，あたかも1つの会社のようにみなした会計情報の開示でした。しかし，そうした親子会社間の支配・従属関係は，企業集団をとらえるには狭すぎるともいわれます。株主総会における議決権の過半でなくても，一定比率以上をおさえればその会社の意思決定に重要な影響を及ぼし，企業集団としての事業の一翼を担わせる可能性もあるでしょう。その種の会社は子会社には該当しませんが，一般に**関連会社**と総称されています。これらを企業集団に含めないと，たとえば業績の悪い子会社の株式を少し売って関連会社にしただけで，情報が隠されてしまうことにもなりかねません。

　とはいえ関連会社を連結していたのでは，大変な手間がかかるだけでなく，子会社との違いが会計情報に反映されません。

続いてすぐ50％未満まで2段階で減らした場合，④50％未満まで減らした後，50％強まで増やして再び子会社とした場合，それぞれどうなるかを検討し，①と④，②と③を比較してみてください。頭の体操です。

そこで考え出された便法が，バランスシートは連結せず，損益計算書も最後の1行，つまり利益だけを連結する**持分法**と呼ばれる手法です。もちろん，連結と同じように内部取引の影響を除いた利益を連結します。たとえば持分の30％を保有する関連会社が100の（内部利益控除後の）利益を計上したら，その関連会社株式を30だけ切り上げて30の**持分利益**を計上し，それを連結利益に加えるのです。後でその持分利益が配当されたときは，受け取った配当金の額だけ関連会社株式を切り下げて，評価損で配当収益を相殺します。もちろん，これが利益でなく100の損失だったら，30の**持分損失**を計上して連結利益から差し引くことになります。

この持分法は，連結と同じく投資先会社の会計情報に依拠した測定の手法であり，市場価格やその推定値を含めた公正価値によるものではありません。歴史的にも連結の便法として発展し，利益だけを連結する点で**一行連結**などと呼ばれました[9]。もし公正価値評価の便法というなら，上場されている関連会社株式は，持分法によらずに時価で測定されねばならないでしょう。難しいのは子会社の場合と同様，関連会社にどの範囲の会社を含めるのかです。子会社のような支配・従属の関係はないが，しかし営業や財務に重要な影響を及ぼすことができ，その会社の事業が自社の事業の一環と認められるようなものとなると，最終的には実質判断が必要ですが，形式基準としては

---

9) ただ，連結の便法といっても持分利益は，文字どおり投資する側の持分相当分に限られます。連結基準が変わり，親会社の持株比率にかかわらず子会社利益の100％を連結利益に含めることとなったため，連結する場合と持分法による場合との利益の関係はその分だけ崩れました。

20％以上（もちろん50％以下）の継続的な議決権支配が目安になっています。

6　合併と取得会社

　連結というのは，それぞれ法人格をもって独立に存在する親会社と子会社の会計情報を，1つの企業のようにまとめて開示するやり方でした。子会社に親会社以外の株主がいる場合だけでなく，親会社が子会社の株式すべてを保有するケースでも，子会社をそのまま存続させているときの話でした。もしここで，株式の100％を取得するだけでなく，取得した会社を解散させて法人格を消滅させたとすると，それは連結でなく**合併**の問題になります。どちらも同じ問題なのですが，ひとくちに企業結合とかM&Aといいながら，100％取得という極限のケースで，しかも結合当初におけるストックの承継しか問題にならないだけに，合併は連結とは別に取り上げられています[10]。また，以下でふれますが，別にすることで連結では裏面に潜んでいた企業結合の難問が見えやすくなるかもしれません。

　まず合併の会計処理ですが，連結の場合と違って1社しか存続しませんので，消滅する会社のバランスシートを引き継げば終わりです。通常は，そこに計上されている資産と負債をすべて公正価値で評価替えしたうえ，純資産と支払った合併対価との差額はのれんとして繰り越します。連結のときと同様，取得

---

[10]　いうまでもなく，合併して1つの会社になれば，その後は会社間の連結問題は生じません。

会社が支払った対価（取得原価）で被取得会社の純資産を承継するのです。これを**パーチェス法**（買収法）と呼んでいます。従来は，取得会社を識別できる企業結合にこの方法を適用し，識別が困難な限られたケースには消滅する会社のバランスシートをそのまま（減損など必要な修正は施して）承継する**持分プーリング法**を使ってきましたが，現在では後者が廃止されています。稀なケースのためにルールを設けると悪用されるというのがその理由でした。

> **Memo 8-6**
>
> パーチェス法を使うと，被取得会社資産が評価替えに伴って切り上げられる可能性が高く，さらに通常はのれんが計上されて結合後の費用が増えてしまいます（のれんを償却しなくても減損が費用になります）。だから経営者には，資産の切り上げものれんの計上もない持分プーリング法を悪用する誘因があるというわけです。しかしパーチェス法にも，下記に示す株式を交換するだけの企業結合で，継続企業では認められない事業用資産の切り上げにより，債務超過などの財務危機を逃れる悪用の余地があるのです。

もちろん，合併する側の会社のバランスシートは，これも連結の場合と同じく評価替えをすることなく，当事会社間の取引は相殺消去したうえで，公正価値に評価替えした後の消滅会社バランスシートとそのまま足し合わせます。合併でも連結でも取得会社は継続企業（ゴーイング・コンサーン）ですから，その事業用資産については評価替え（簿価切り上げ）が認められません。それらは従来の簿価のまま，公正価値で評価された消滅会社の資産と合算されるわけです。それ自体は新規に資産を取

図表 8-7　企業結合における株式の取得

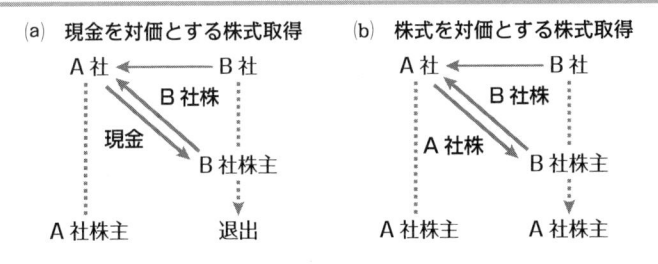

(a) 現金を対価とする株式取得
```
A社 ←――― B社
  ↑   B社株
  ：       ↘
  現金      B社株主
  ：
A社株主   退出
```

(b) 株式を対価とする株式取得
```
A社 ←――― B社
  ↑   B社株
  ：  A社株  ↘
  ：       B社株主
A社株主   A社株主
```

得したときと同じで，別に問題はありません。問題は，取得する側とされる側でのこの非対称な資産・負債の評価ではなく，取得する側とされる側を決める際の意図的な操作です。どちらの会社を評価替えするかで，合併後のバランスシートは大きく影響されるからです。

そこで，合併でも完全子会社化でもいいですが，企業結合のために他社の株式すべてを取得した結果がどうなるかをみておきましょう。A社がB社の株式を取得するには，B社株主からB社株式を譲り受け，対価として現金またはA社株式を交付します。現金による取得であれば結果としてB社株主は退出し，結合した会社の株主として旧A社株主だけが残ります（図表8-7(a)）。ここでは，疑問の余地なくA社がB社を**買収**しています。それに対してA社株式との交換による取得であれば，旧B社株主が新たにA社株主となって残ります（図表8-7(b)）。これも形式上はA社によるB社の買収であり，合併の場合ならA社が残ってB社が消滅するわけですが，それでも実質的にどちらの会社が買収しているのかは，これだけではまだわかりません。

では，どのように買収する側を決めるのでしょうか。現金買収はよいとして，問題は株式を対価とする場合です。そのため

には，A社が株式を交付してB社株式を取得した結果，結合前からのA社株主と，新たにA社株主となった旧B社株主との持株比率がどうなっているかに着目します。図表8-7(b)の下にある結合後のA社株主のうち，結合前からのA社株主の持株数が旧B社株主の持株数より大きければ，実質的にもA社がB社を取得したといえるでしょう。反対に旧B社株主の持株数のほうが大きければ，法律上の形式とは反対に，実質上はB社がA社を取得した（逆取得とか逆買収といわれる）ケースです。問題は同数ならどうかです。決まる保証はないでしょう。現行基準では，それでも役員数などを基準に決めることにしていますが，その無理は大きな問題を残しました。

> **Memo 8-7**
>
> 実際には，両社旧株主の間で持株数が同じになるのは稀でしょう。わざと同数にするケースはありえますが，それよりもむしろ問題は，同数に近く，比較的安いコストで取得する側とされる側を逆転させられる場合です。当事会社の一方あるいは双方が欠損を抱えているような結合では，評価替えによりその補填に充てる純資産を捻出しやすい側を取得される会社とする誘因が働きます。
>
> そのメリットが大きければ，実質的な取得会社でも，わざわざ被取得側に回って資産や負債の評価替えを選ぶかもしれません。対価の一部を現金にして受け取る株式数を減らすのも被取得側に回る方法の1つです。取得会社の選択をめぐるこの操作は，合併の場合だけでなく，じつは親会社が当然に取得会社とみられる連結のケースにもあてはまります。それは，実質的な継続企業に事業用資産の切り上げを許容する企業結合の隠れた難問です。

いずれにせよ，企業結合にあたって被取得会社の資産・負債

だけが公正価値に評価替えされるのは，取得する側の投資が継続しているのに対して，取得される側の投資がそこで継続性を断たれ，取得会社に引き継がれるからでしょう。それを別の面からみれば，継続企業である取得会社では企業結合の前後で**株主持分が継続**している一方，被取得会社では株主持分が清算されるということでもあります。取得会社を決められない上記の例外的なケースは，要するに当事会社のいずれでも企業結合によって株主持分の継続性が中断されず，したがっていずれの側でも組織再編に伴う事業用資産の評価替えに理由がないというものでした。買収より持分の結合として合併を処理する持分プーリング法の廃止に伴って，そのケースに適用される基準が欠落する結果になったわけです。

そのような取得会社を決められない例外的な企業結合には，**フレッシュ・スタート法**といって，双方の会社とも資産・負債を公正価値に評価替えする方法が古くから主張されてきました。しかし，この方法は問題点が多く，米国でも制度化されたことはまだありません。会社の合併は，新規の投資による事業の拡張や新規事業への進出と同様の意味をもちますが，企業結合時に保有する資産や負債を評価替えするというのであれば，会社のリスク・プロファイルへの影響がそれと変わらない新規の投資についても，同様のことをしなければならなくなるでしょう。その先にあるのは，全面公正価値会計という「見果てぬ夢」なのかもしれませんが，少なくとも日本や米国の会計基準では，継続企業が事業用資産を再評価して簿価を切り上げることは認められません。

Discussion

[8-1] 子会社資産・負債の評価替え

　子会社を取得して連結を開始するときは，子会社の資産と負債をその時点の公正価値で評価替えするのが現在のルールです。他社を丸ごと取得しても，その会社と同一の資産や負債を，そのときの時価で個別に取得して同じ事業に進出しても，実態は同じことだから会計上も同じ結果となるようにすべきという理屈でしょう。

　それに対して，取得された子会社が従来の事業を継続するのであれば，従来の資産や負債を評価替えしないほうが，従来と同じ基準で利益が測定されるはずではないか，もし資産を切り上げれば，その資産を使う将来の費用が上昇して，子会社になった途端に業績が悪化することにならないか，親会社に支配されるようになるとしても所詮は株主が変わるだけのこと，株主が変わるたびに資産や負債を評価替えする理由はないのでは，といった疑問が出されたらどう答えますか。

[8-2] 連結と持分法

　親会社単体（個別）の決算で，保有する子会社や関連会社の株式を持分法で評価すれば，連結決算をするまでもないと誰かが主張したら，あなたはどう答えますか。連結財務諸表にはどのような追加情報があって，その追加情報にはどのような意味があるのでしょうか。単体の開示目的に対する影響は**第9章**に回して，とりあえず連結の観点から考えてください。

[8-3] 連結と非支配株主持分

　親子会社の連結は，親会社の投資勘定（子会社株式の勘定）に，子会社の資産と負債を代入する操作だといわれます。しかし，親

会社の持分比率がたとえば80％でも，子会社の資産・負債を100％代入するのはなぜでしょうか．余分に代入された20％は連結上それだけ純資産を増やしますが（非支配株主持分），これを連結資本の要素とみるかどうかによって，連結利益をはじめ，いくつかの指標に影響が出てきます．どのような問題が派生するのかを，あらためて整理してみてください．

[8-4] 連結利益の概念

株式投資において広く使われている指標に，株価を1株当たり純利益（EPS）で割った株価収益率（株価純利益倍率；PER）があります．ここでEPSは，当期純利益をその期の発行済み株式数で割った値です．連結情報だと，その分母は親会社の株式数になります．子会社の外部株主がもつ子会社の株式数を，親会社株主がもつ親会社の株式数に足したのでは意味がありません．となると，分子の連結純利益も，親会社株主に帰属する分ということになります．

ところが，現行の会計基準は子会社非支配株主に帰属する分も含めた連結利益の開示を要求しています．親会社株主に帰属する分も内訳で開示されますからEPSの計算に支障はありませんが，連結財務諸表と1株当たりの連結指標とで利益の概念を使い分けることに，どのような実益があるのでしょうか．また連結利益でも，営業利益や経常利益と最終の純利益とで，非支配株主に帰属する部分の見方に違いがあるかないかはどうですか．

[8-5] 連結に伴うのれん

のれんの規則償却をしない国から来たAさんと，する国から来たBさんのやりとりです．

　Aさん「1,000の価値がある会社を取得して，そのうち600が有形資産，400がのれんだとしましょう．この事業が1,000の価値を維持しているとき，なぜ400を償却しなければなら

ないのか，私にはまったく理解できません」

Bさん「だったら，なぜ600のほうは償却するのですか。同じ投資の一部なのに，400は償却しないが600は償却する，その理由を教えてください」

不気味な沈黙が続かないよう，どちらの味方でもいいですから，ここでひとこと発言してください。

[8-6] 取得したのれんの減損

のれんは償却せず，減損したときに切り下げて損失を認識すればよいというのが海外の基準です。引き継いだのれんを関連する事業単位（資金生成単位）に配分し，それぞれの単位ごとに所属する資産グループの簿価と配分されたのれんの合計を回収可能額と比較し，不足があればまずのれんを減損させるということになっているようです。不足がなければ減損もありません。この方法で測ったのれんの減損が，被結合会社から引き継いだのれんの価値減耗をどこまでとらえられるか，難しい問題ですが検討してみてください。

[8-7] 持分の一部売却

持分比率で80%を保有する子会社の株式を20%分だけ売却して利益を出したとします。この売却益は連結利益の要素になりますか。それとも資本取引の結果として連結利益から除かれ，資本剰余金の要素となりますか。20%でなく40%分を売却したときはどうですか。もし誰かが，持分の一部を売却しても子会社であるうちはその他の包括利益（OCI）に含めて繰り越し，適当な時期，たとえば過半を手放して子会社ではなくなったときに，累計額をリサイクルさせて連結純利益とするのはどうかといったら，あなたはどのように答えますか。

[8-8] 完全子会社の合併

　連結子会社の非支配株主から残りの株式を買い取って，その子会社を合併したとします。このとき，親会社に引き継がれる子会社の資産と負債の評価はどうなりますか。公正価値に評価替えしますか。それとも従来の連結上の簿価をそのまま引き継げばよいですか。また，追加取得に要した対価の額と，非支配株主持分の簿価との差額は，どのように処理したらよいですか。

第 9 章

日本の会計制度改革

Contents

1 戦後制度改革の経緯
2 米欧へのキャッチ・アップ
3 会計ビッグ・バン
4 グローバル・コンバージェンス

1 戦後制度改革の経緯

本章では，第2次世界大戦後における日本の会計制度改革を整理しながら，大きく変わりつつある会計基準の動向を概観します[1]。キーワードとする米欧へのキャッチ・アップ，会計ビッグ・バン，それにグローバル・コンバージェンスの3つは，①新しい**証券取引法**（現在は**金融商品取引法**）の制度を，半世紀の歴史をもつ戦前からの**商法**に接ぎ木し，両者の会計制度の一元化を通じて米欧（特に米国）の制度へのキャッチ・アップを図った時期，②日本の資本市場の国際的なプレゼンスを高めるため，戦後改革を完成させる大がかりな会計基準の整備を試みた時期，そして，③国際会計基準審議会（IASB）が進める会計基準の国際統合という動きのなかで日本の進路を模索し続けた時期，にそれぞれ対応しています。

会計基準を含む社会・経済制度は，その社会における過去の**発展経路**とともに，国ごとに異なる周辺諸制度との**補完関係**にも制約され，白地に絵を描くような改変はできません。ここで述べる戦後改革の経緯も，明治維新以来の日本の近代化の道筋と，そこから生じた問題の延長上にあるのです。戦後の経路自体が，その後の歴史を制約している面もあるでしょう。それを

---

[1] 本章の一部は，著者が分担執筆したG. Previts, P. Walton and P. Wolnizer ed., *A Global History of Accounting, Financial Reporting and Public Policy: Asia and Oceania*, Studies in the Development of Accounting Thought Vol. 14C, Emerald Group Publishing Ltd., 2011, Chap. 5, Part 2 に依存しています。

理解するには，米欧の会計制度と共通する普遍性と，米欧とは違ったその特殊な現れ方を検討する必要がありますが，ここではとりあえず日本の制度改革の表面的な鳥瞰にとどめます。時期的には日本の重大な関心事であった欧州の同等性評価（**第4節**）が決着する 2008 年末までを中心にしながら，その後の主な事実を断片的に補います。

2 米欧へのキャッチ・アップ

　戦前の日本の企業会計制度は，基本的には大陸法の影響が強い商法によって担われてきました。それは，必ずしも戦前の事業資金が，銀行借り入れだけに依存していたということではありません。株式や債券による市場からの調達も，戦時体制以前にはかなりの比重を占めていたようです。それに対して戦後の改革は，米国に倣った新しい証券取引法の開示制度を，この商法の制度に接ぎ木することから始まりました。これも直接金融への移行を図ったというよりは，財閥が解体されたあと，産業復興の資金をまかなう証券市場の民主化など，広範な問題を会計制度の改善・統一によって解決しようとしたものといわれています。

　会計制度の近代化は必ずしも戦後に始まるわけでなく，その前史は商工省による 1934 年の「財務諸表準則」や，企画院による 41 年の「製造工業財務諸表準則草案」などにもみられましたが，それが戦争による中断を経て，証券市場の建て直しと米欧制度へのキャッチ・アップを目標に再び動き出したといえるでしょう。会計制度に限れば，その改革の担い手は，証券取

引法導入の直後，1948 年に設けられた企業会計制度対策調査会（後の**企業会計審議会**）でした[2]。同年には旧来の計理士制度が公認会計士制度に作り替えられ，監査制度の担い手を確保する道筋ができあがります。

1949 年には，上記の企業会計制度対策調査会から**企業会計原則**と「財務諸表準則」が公表され，証券取引法（以下，証取法）のもとでの財務情報の開示にも監査にも，それが指針とされることになりました。これらは，証取法による規制の一環というだけでなく，商法と証取法の会計制度を一元化させて米欧の制度に追いつくという，戦後改革の最大の課題を解決する切り札でした。証取法の**公認会計士監査**を商法に取り入れることで 2 つの会計制度における監査の主体を一元化し，財務諸表監査のための判断の基準を統合しようとしたのです。別の側面からいえば，会計制度を一元化することで，新たに導入された公認会計士監査の地位を高める工夫でもありました。

商法の会計制度は，株主や債権者に会社の情報を伝えるための**開示規制**の観点と，債権者と株主の間で利害を調整する（株主への会社財産の分配が債権の当初の価値を希薄化しないようにする）ための**配当規制**の観点との両方を同時に備えています。後者は，純資産に相当する価値の資産が実在することを確認したうえで，それが法定の資本（資本金と法定準備金）を超える部分（例外はあるが，基本的には留保利益）に配当を制限しようとするものでした。その 2 つの観点が互いに影響し合って，商法の会計制度を作り上げてきたのです。結果として，そこでは財

---

[2] 当初，これは経済安定本部に設置されましたが，1952 年に大蔵省の所管となり，さらに 2001 年，省庁再編に伴い金融庁に移されています。

産の過大な表示を排除する保守的な評価が重視され，貸借対照表（バランスシート3)）とともに**財産目録**の作成が求められてきました。

それに対して証取法の会計制度では，潜在的な資金提供者を含む投資家への情報開示が主題になります。彼らが投資の対象とする企業の価値は将来に期待される成果に依存し，その予測には持続性・反復性のある利益の情報が有用とみられてきました（**第1章**）。そこで使われてきたのは，キャッシュフローをベースに，貸借対照表の資産評価と損益計算書における利益の測定とを連繋させる仕組みでした。財産価値に着目する商法と対立する観点です。その対立を調整し，証取法の制度を商法の株式会社法制に組み入れて両者を一元化するのが改革の目標でした。資産・負債か収益・費用かの対立みたいですが，この2つのアプローチは重点の置き方が違うだけで，一方を全面適用して他方を全面排除するという性質のものではありません。ここでも両者のバランスが模索されました。

そのプロセスは，別の角度からみれば，商法のドイツ型報告制度と，証取法の米国型開示制度との統一という，いわばコンバージェンスが一国内で生じた事例でもありました。証取法のもとにある会計基準（企業会計原則）を商法に反映させるものでしたが，私法面では商法が証取法の一般法と解釈されたこともあって，数次の商法改正で企業会計原則の法制化が図られながら，反対に商法の強行法規性に鑑み，企業会計原則が修正されることもありました。これは1974年の商法改正でほぼ完了

---

3) この章では，商法・会社法の制度やそれとの調整を扱うことが多いので，バランスシートといわずに，法や規則の文言に従って「貸借対照表」ということにします。

し，それと同時に戦後日本の会計制度改革を牽引した企業会計原則の歴史的な役割も，とりあえず一段落することになりました。その後も，会計基準は国際的な動向に対応して急速な変化を続け，それに応じて商法改正の作業は後述する2005年の**会社法**新設まで続きます。

　この間，会計規定をめぐる商法改正は多岐にわたりましたが，特に重要なのは財産目録の廃止でした。これは文字どおり資産と負債を一覧にしたものであり，貸借対照表とは別に開示を求められてきました。それぞれの項目に期末の時価を付したものとされ，必ずしも利益の計算と連繋していたわけではありません。純資産の部がないことを除けば，極端な資産・負債アプローチに立った貸借対照表のようなものでした。すべての資産・負債を時価（公正価値）評価した情報が本当に有用だというなら，これを貸借対照表とは別に復活させればよいのかもしれません。しかし，この財産目録は，下記の資産評価規定の変化もあって，1962年の商法改正で貸借対照表の概要にすぎないという位置づけになり，最後は74年の改正で（清算時を除き）廃止されることになりました。

　商法が定める**資産評価**の基準については，すでに戦前から改正が繰り返されてきました。当初の1899年法では動産，不動産，債権，債務その他の財産のすべてについて財産目録作成時の価格を付すものとされ，一般にはこれが時価と解されました。その後，時価以下評価などを経て次第に取得原価評価が拡大され，株式会社については，企業会計原則に合わせて1962年の改正で最終的に取得原価に統一されました。また，**繰延項目**については，すでに1938年の改正で創業費や社債発行差額などを，50年の改正ではさらに新株発行費用を認めていましたが，

62年の改正では企業会計原則との調整の観点からその拡充が図られました。開発費・試験研究費もこのときに認められました。また，**引当金**についても，条件付きの債務としてその概念が導入されることになりました。

上述した商法と企業会計の調整は，特に配当制限のように法人格のある個別企業単位で会計を規制せざるをえない商法の性質上，もっぱら個別（単体）財務諸表にかかわるものでした。連結財務諸表についてはそれらの調整とは別に検討が進められ，子会社を利用した利益の操作（子会社に損失を移すことによる親会社の**粉飾決算**）が社会問題となっていたこともあり，証取法の規制によって1976年から開示が強制されることになりました。ただ，それもさしあたりは個別財務諸表に対して従属的な位置に置かれ，詳細な親会社単独の報告書に比べると簡略なものにすぎませんでした。この連結と個別の関係が逆転して連結財務諸表が中心となるには，後述の会計ビッグ・バンを待たなければならなかったのです。

その後，内外の環境変化に対応する会計基準改革は，**金融商品の時価評価**（それは企業会計との調整で改正された商法の資産評価基準を再び覆すものでした）をはじめ，企業会計原則の枠を超えて急速に進み，商法との間に新たな摩擦を生み出すことになります。そうした局面で会計制度の一体性を維持する大きな役割を果たしたのが，商法を所管する法務省と証取法を所管する大蔵省（当時）とが合同でまとめた1998年の「商法と企業会計の調整に関する研究会報告書」でした。そこでは商法の会計制度のもとでも，情報開示の面では企業会計の公正な慣行に鑑み，商法の強行規定に反しない限り，明文の定めがなくても，証取法が適用される公開会社に証取法のもとでの会計基準が適

用される場合があるという考え方が示されることになったのです。

これにより、時代の要請でもあった一部金融商品の時価評価や、金融機関に不良債権の償却を促す狙いもあった**税効果会計**[4]が商法で容認され、証取法の制度によって上場会社等に強制適用されることになりました。また、1963年の改正で商法に資産化を容認させた**研究開発費**を、その後の会計基準は米国に倣ってただちに費用化することにしますが、そうした措置もこれによって可能となりました。さらに、2002年の改正で商法は、会社の会計に関する規定を省令に移すことで、法改正手続きを経ずに変更できるようにします。最後は2005年に新設された会社法が、会社の計算は「企業会計の慣行に従う」と定めることで（従来は斟酌するだけ）、戦後半世紀を要した企業会計制度の一元化はほぼ完成されたのです[5]。それによって米欧へのキャッチ・アップを支える体制も整備されました。

3 会計ビッグ・バン

1980年代後半のバブル経済が崩壊して長期停滞が続いた90年代、日本では金融市場を建て直してニューヨークやロンドンと並ぶ国際市場にするという経済再生プロジェクトが構想され、

---

4) 税効果会計とは、投資情報としての利益を測定する企業会計の基準と、課税ベースとしての利益（法人所得）を決める税法の規定との差異によって利益の期間帰属が異なるときに、税費用の期間帰属を後者の課税年度から前者に合わせて変更する会計方法です。

5) 配当規制の面では、開示目的での数値を前提にしながら、必要な修正をそれに加えています。

その10年ほど前の英国のビッグ・バンに倣った改革が試みられます。会計基準は、直前の1980年代にも先物取引やオプション取引、リース取引、外貨の換算など、さまざまな整備がなされてはいましたが、国際水準に追いつくにはまだ多くの課題を残していました。そのため、このプロジェクトの一環として、企業会計審議会を中心に会計基準の大改革（**会計ビッグ・バン**）が図られたのです。それは、政府主導で米欧へのキャッチ・アップを図った戦後改革の、いわば総仕上げにあたるものでした。それによって日本の会計基準は、米欧との違いは残っても質的には遜色のないレベルに達したとみられています。

手はじめは、単体を中心とした財務報告を、連結中心に切り替える1997年の基準改訂でした。翌1998年には、連結子会社の範囲について、50％を超える株式所有という従来の数値基準に加え、それ以下の保有比率でも、融資や取引等の緊密な関係を通じて議決権の過半を支配するとみられる場合には、その企業を子会社として連結する新たな基準が導入されました。投資先会社の意思決定に対する実質的な支配こそが連結範囲の決め手であり、株式保有比率もそうした支配力を判断する要因の1つだということでしょう。この時期、**実質支配力基準**の必要性に対する認識は国際的にも広まっていましたが、それをここまでラディカルに具体化した日本基準は、連結の範囲に関する限り、当時からもっとも先進的であり続けたといえるかもしれません。

ただ、連結を中心にしたといっても、米国のように単体の情報開示をやめるというわけではなく、証取法の制度のもとで両者の開示を要求する体制が作られていきました。その結果として、課税や配当規制に用いられる報告書と、投資家に開示され

る財務諸表を結びつけて信頼性を高めるとともに，会計基準や公認会計士監査にフリー・ライドすることによって，課税とか会社のガバナンスに要するコストを節約する仕組みが意識的に日本の制度に組み込まれていくことにもなりました。証取法のもとでの会計基準が商法の会計制度に反映される一方，税法が複数の代替的な会計処理を容認する場合には，その選択が商法上の確定決算に組み込まれることを条件にするという，商法，税法，会計基準が結びついた仕組みです。**トライアングル体制**などと呼ばれることもありました。

Memo 9-1

　日本では，この連結財務諸表が，ごく限られた範囲とはいえ，配当規制にも取り入れられています。2005年の会社法に基づく会社計算規則（2006年施行）で，連結配当規制適用会社の場合，連結財務諸表上の株主資本等の額が個別財務諸表上のそれより小さいときは，その下回る分の配当を禁止する規定が設けられたのです（会社計算規則158条4号）。剰余金を連結と単体で比較し，いずれか小さいほうを配当限度にしようという趣旨であり，持分法を下方にだけ適用するものといってよいでしょう。

　現行制度では連結配当規制適用会社だけの問題ですが，この配当制限の着想は，いずれもっと広い範囲に拡大されていくかもしれません。親会社が倒産しても債権者は子会社の利益をあてにできないのに，子会社の損失は親会社の負担を招いて債権価値を低下させる以上，連結上は損失でも親会社単独の利益を配当できる制度に疑問が広まったのが問題の発端でもあったからです。そうなると，連結と単体の情報は不可分に結びつけられますが，その反面で連結に国際会計基準を適用しながら単体には自国基準を使うという，日本でも一部で使われだした便法を妨げる結果になりかねません。

金融商品についても、特に米国財務会計基準審議会（FASB）の基準書を詳細に検討し、それに倣って測定と利益認識を根本的に変える新しい基準が設けられました。従来の取得原価評価と回復不能な損失の切り下げだけでは、好きなときに売って**含み益**を実現させる操作に対処できなかったからです。1999年の金融商品会計基準では、売買できる有価証券を時価で評価し、売買目的のものについては時価の変動分をその期の利益に反映させるとともに、デリバティブについては時価評価と合わせて**ヘッジ会計**の処理を定めています。それらは、金融商品にというより、キャピタル・ゲインを狙った金融投資に、時価による利益認識を要求するものでした。**時価会計**が国際基準に先行して定められたのです。また貸付金についても、簿価切り下げのルールが新設されました。

長期性資産の**減損**を定めた2002年の基準では、米国基準と国際基準を比較検討しつつ、それぞれの長所が取り入れられました。減損の認識は、割引前の将来キャッシュフローを簿価が超えない範囲に限るなど、むやみに減損の引き金を引かない米国基準に倣う一方、その測定では国際基準と同様、公正価値でなく**回収可能額**によるというものです。いかに価値が減損していても、売却を目的としない事業用の固定資産は、市場価格による評価になじまないとみられたからです。いずれにせよ減損会計は、資産価値の評価というよりも、簿価を回収できないような異常事態で、回収見込額という内部情報を開示させる例外的な処理だと考えられたわけです。なお、減損処理後に回収見込額が増えても、米国基準に倣って**減損の戻し入れ**は認めないこととされました[6]。

そのほか、退職給付や研究開発費については、米国基準にご

く近い基準が設けられました（いずれも1998年）。キャッシュフロー計算書が連結財務諸表に導入されたのも、中間連結財務諸表の基準が設けられたのも同じく会計ビッグ・バンの時期ですが（これらも1998年）、特に関心を集めたのは**企業結合会計基準**の新設（2003年）でした。日本にはそれまで企業結合を処理する体系的な基準がなく、もっぱら商法の規定に従ってパーチェス法とも持分プーリング法ともつかない処理が行われていました。商法上、他社の合併は現物出資とみられますから、概念上は時価で被合併会社の純資産を承継することになるわけですが、実際は時価以下評価が認められたため、被合併会社の欠損塡補に必要な範囲まで承継資産を切り上げ、それ以上は含み益とする実務が支配的でした[7]。

　金融庁の企業会計審議会が企業結合会計基準の公開草案を検討する段階で、すでに米国FASBは**持分プーリング法**を廃止しており、IASBもそれに倣った草案を公表していました。しかし日本では、取得企業を識別できない企業結合（**対等合併**）がたとえ稀でも存在する以上、そうした実態の異なる取引には異なる処理が必要という意見が支配的でした。債務超過に陥った会社が上場廃止を逃れるために、企業結合を利用して資産の簿価を切り上げ、それによる剰余金で累積損失を塡補する例が日本には多いという事情もありました。事業用資産の簿価切り上

---

6) なお、長期性資産の減損と同時に検討された投資不動産の処理については、国際会計基準にいう投資不動産の範囲が広すぎて日本の実態に合わないという懸念が強く、時価に基づく測定や利益認識は見送られました。

7) 繰越欠損を抱えたままの合併は、商法上は資本充実を損なう点で認められないという解釈がありました。税法上、繰越欠損を合併会社に引き継げないという事情もありました。

げは、米国と同じく日本でも継続企業では認められません。こうしたパーチェス法の濫用ともいうべき事態に対処する意味もあって、2003年に確定した基準では、厳格な条件のもとで持分プーリング法を存続させることになりました。

しかし、後述するコンバージェンスの局面で、持分プーリング法は日本基準の異質性の象徴とされ、欧州による同等性評価の障害になる可能性が懸念されたため、2008年の基準でこれが廃止され、**パーチェス法**だけが認められることになりました。ただ、前述のようにパーチェス法は完全な対等合併に対処できないだけでなく、取得側の会社を特定できる場合でも、被取得側と規模が同等に近ければ、比較的たやすく立場を逆転させた恣意的な評価替えを許してしまいます[8]。持分プーリング法を廃止した現在、それらの問題を解決する明示的な基準はありません。両方の会社を評価替えするフレッシュ・スタート法を主張する人もいますが、**第8章**でふれたとおり、この方法は長いこと検討されていながら欠陥が大きく、米国でもまだ基準に取り入れられたことはありません。

他方、パーチェス法を適用したときに生ずる**のれん**について、米国基準や国際基準では規則償却を禁止して減損のみを認識することにしていますが、日本では、その価値が無限に持続する場合でない限り、規則償却も減損も必要という意見が支配的でした。減少したのれんの価値がその後の営業支出によって維持

---

8) 事実上は取得会社であっても、相手方に株式を発行させて相対的に少ない数を自社の株主に割り当て、不足分は現金で受け取ることにすれば、会計上は被取得会社になることも不可能ではありません（**第8章6節**）。それによって自社の資産を評価替えし、多額の欠損や債務超過を解消するというわけです。

されていても、**第8章**で述べたように、それは減少した取得のれんが自己創設のれんに入れ替わっているにすぎません。企業結合で引き継いだ有形資産も、取得したのれんも、いずれも取得企業にとって投資原価の一部であり、一方だけしか償却しないのは、米国の基準改定時における政治的な取引の産物ともいわれます[9]。2003年の日本基準では、規則償却と減損が並行して定められました。国際基準の質を高めていくには、あえて違いを残すことも必要とされたわけです。

4 グローバル・コンバージェンス

　国際会計基準審議会（IASB）が前身である国際会計基準委員会（IASC）を再編し、会計基準の**グローバル・コンバージェンス**を目標に欧州でスタートした2001年、日本でも民間セクターの**企業会計基準委員会（ASBJ）**が設けられ、それまで金融庁にあった基準開発の役割を実質的に受け継ぐことになりました。民営化の直接の理由は、民間機関であるIASBに参加するうえで他の主要国と合わせるためでしたが[10]、それと同時に政府

---

[9] 米国の新しい企業結合の基準は、持分プーリング法を廃してパーチェス法に一本化しようとするものでしたが、それによって多額ののれんを計上する結果になり、その償却負担が重くなる業界（金融やIT）の反対が強く、政治問題にまで発展したため公開草案で提示していた規則償却を撤回することで決着を図ったといわれています。

[10] 基準設定の民営化という方式まで海外に合わせようとしたのは、この時期、日本企業の財務諸表に対して、それが日本の基準に従ったもので必ずしも国際的な基準に基づくものではないという「レジェンド条項」を、海外の監査人が付したという事情もありました。これは

のリードで米国を追い続けた戦後の基準改革がひとまず完了し，今後は市場参加者が自ら市場制度を担う体制が求められる段階に達したという事情もありました。ASBJ の決めた基準を金融庁が承認する仕組みではありますが，ともかくもそれは，公的規制のルール作りを実質的に民間財団が担うという，この国では画期的な社会実験の試みでした。

> **Memo 9-2**
> ASBJ が民間団体である以上，そこで決められた基準が社会の規範となるためには，法的な権限を有する政府部門の承認が必要なことはいうまでもありません。両者の分業体制は，米国の証券取引委員会（SEC）が最終権限を保持したまま包括的に基準開発を民間の FASB に委ねる方式に近いのですが，日本では 1 件ごとに金融庁の告示で確認され，効力が与えられる仕組みになっています。もちろん，ASBJ で基準が決まるまでの審議に金融庁がオブザーバーとして参加し，最終的な承認の段階で問題が生じないようにする工夫がなされています。

ASBJ は，日本の会計基準の全面的な棚卸しを試みながら基準の開発や改訂に取り組み，基準適用のガイドラインも整備して，日本が直面する問題への対処と国際的なコンバージェンスを精力的に推し進めました。自己株式の処分と法定準備金の取り崩し，ストック・オプション，純資産の表示など，商法との調整を含む課題のほか，1 株当たり利益の開示，役員賞与（利益処分から費用へ），株主資本等変動計算書，事業分離，棚卸資

どの基準がどう違うかを指摘したものではなく，どれを直せば解除されるかもわからない曖昧な警句であり，協力して監査にあたった日本の専門家の見識が問われる問題でもありました。

産(低価法の強制や後入先出法の廃止),金融商品(時価情報の開示拡大など),関連当事者の開示,四半期財務諸表,工事契約(進行基準への歩み寄り),資産除去債務などといった会計基準が,異例の速さで新設・改定されました。税制との調整が難題だったファイナンス・リースでは,例外として一部に残っていた賃貸借処理が6年をかけて廃止されました。

ただASBJは,国際的なコンバージェンスを喫緊の課題としながらも,トップ・ダウンで決定を急ぐことには慎重でした。資本市場が統合され,市場制度の統一に会計基準を組み込みやすい欧州と違い,財務報告の誘因に影響する周辺の市場インフラが異なったままの日米などの諸国では,それを実務に適用する局面で混乱を招き,結果としてコンバージェンスを遅らせることにもなりかねません。会計基準のような市場取引をアレンジするルールを決めるには,市場による評価と選択というボトム・アップの過程が不可欠です。基準設定主体が超越的に決めるのでなく,できるだけ市場関係者の合意を重視し,規制される側の誘因と両立する方法で決めることが肝要です。ASBJでは,コンバージェンスを追求するうえで,以下のような二段構えの基本戦略を構想していました。

まず第一段は,日本基準を含めた複数の会計基準が資本市場で並存できるように,基準設定主体の責任で可能な限り互いの差異を縮小させることです。少なくとも日本と欧州が国際基準と日本基準を互いに受け入れ,投資家に大きな混乱を与えずに,しかも開示する側がいずれかを自由に選択できる程度まで調整することが必要です。結果として日欧の市場で**基準間の競争**が可能になれば,投資家による評価と選択という市場プロセスを通じて基準が淘汰され,いっそうのコンバージェンスが図られ

ます。それが第二段です。この局面での基準設定主体の役割は，市場の評価を観察し，ときには合理的な市場参加者間の交渉を推測しながら，その結果を基準に反映させることです。ASBJ が 2004 年に公表した「中期運営方針」には，そうしたマーケット・アプローチが盛り込まれました。

　このような観点から ASBJ は，IASB との間で 2004 年にコンバージェンスに向けた共同プロジェクトを立ち上げ，2005 年初頭からほぼ半年ごとの会議で，双方の基準の基礎にある概念も含め協議をしてきました。日本での本格的なコンバージェンスは，このプロジェクトから始まったのです。この時期，欧州連合（EU）では，欧州の規制市場でエクイティ・ファイナンスをする域外企業に対して，**国際会計基準（国際財務報告基準；IFRS）**，またはそれと同等の基準に基づく連結財務諸表の開示を求めると決めており，IFRS を自国基準として採用する予定のなかった国の会計基準については，EU の下部組織である欧州証券規制当局委員会（CESR）がその**同等性**を評価する作業を進めていました。それをにらんだ基準改革も，このプロジェクトの重要な役割でした。

Memo 9-3

　この共同プロジェクトは，基準間の違いを双方の「概念フレームワーク」にてらして評価し，統一することを目指していましたが，実際にはフレームワークも検討の対象になっていました。**第2章**でもふれたように，概念フレームワークとは，会計基準の根幹となる諸概念とそれらの相互関係を体系化して，将来の基準開発に指針を与える文書（概念書）です。ASBJ は 2004 年にその討議資料を公表していましたが，それが共同プロジェクトで繰り返し検討され，2006 年末に一部を修正して

> 再び討議資料として公表されています。議決を予定する公開草案としなかったのは，IASB と FASB が新たな概念フレームワークの検討を共同で進めていた時期に，日本が違った意見を出すと欧州の同等性評価に響くと懸念する声があったからです。
> 　その体系は米国 FASB の概念書に近いといえますが，違いは資産・負債アプローチから包括利益だけを強調するのでなく，それでは代替できない情報価値をもった純利益を定義し並存させたこと，期待した投資成果の不確実性が事実の確定によって消滅したとき（リスクから解放されたとき）に純利益を認識・測定し，事前の期待と比較してその先の期待形成に役立てるという観点から，公正価値による測定と利益認識を原則として金融投資に限る一方，事業投資を公正価値測定したときの差額を純利益から除いたうえで適時にリサイクルさせる必要性を示したことなど，いくつかの重要な点にわたっています。これらは，IASB の基準開発に寄与するうえで，日本からの意見発信の根拠としても使われています。

　2005 年 7 月には，上記 CESR から，米国，日本，カナダの会計基準を全体として IFRS と同等とする技術的助言の報告書が出されましたが，同時に IFRS との差異について補正開示が求められ，日本については 26 項目の差異が指摘されました。そのうちの 16 項目は米国と共通でしたが，残りの差異のうち，資産除去債務，工事契約，一部金融商品の公正価値開示，退職給付における割引率，企業結合における持分プーリング法などは，基準の改定作業がまだ進んでいない段階でした。他方，企業結合でのれんの償却を要求する点は，IASB との大きな対立点でありながら，CESR は重要な差異とはしていませんでした。いずれにせよこの当時，同等性評価への対応は日本の会計制度にとって最優先の課題であり，ASBJ でも相当なハイ・ペースで基準改訂が進められました。

そして2007年8月,すでに2年半にわたって定期協議を続けていたIASBとASBJは,それまでのコンバージェンスの作業を,さらに目標期日を定めて加速する新たな合意（**東京合意**）を交わします。日本基準とIFRSとの間の重要な差異のうち,CESRが同等性評価に関連して2005年7月に指摘したものを2008年までに解消し（差異を解消するか,または会計基準が代替可能となるような結論を得る）,残りについても2011年6月末までに解消を図るというものでした。合意時には開発途中で2011年以降に適用となる新たなIFRSは除かれていますが,それらについても,適用される際は日本で受け入れられるように,双方が緊密に協力して作業を行うこととされました。もちろん,双方がそれぞれのデュー・プロセスに従うという大原則は確認されています。

これを受けて日本のコンバージェンスの作業はさらに加速され,差異の象徴にもされていた持分プーリング法は,親子会社の合併など共通支配下の取引や共同支配企業の形成に該当するケースを除き,前述のように2008年12月の企業結合会計基準において廃止されました。こうした動向を背景に,欧州委員会（EC）は同月,日本基準をIFRSと同等とみることが適切と結論づけるに至ります。これによって日本の会計基準は,米国基準とともに2009年以降も欧州市場において利用できることとされたわけです。前述ASBJの中期運営方針（2004年）に謳われた日欧基準の相互受け入れによる基準間の市場競争と,市場プロセスを通じたいっそうのコンバージェンスという道筋も,紆余曲折を経て,限られた範囲ながら開かれたというべきかもしれません。

その間,2008年11月に米国SECが,IFRSを米国企業に使

用させるかどうかについては2011年に決めるという意思を表明したことから，日本でも翌2009年に金融庁の企業会計審議会が，IFRS強制適用の是非は米国の動きもみて2012年に判断するとし，それに先行して一定範囲の国内企業に任意適用を認めました。2012年には，主体的なコンバージェンスの継続，IFRS任意適用の積み上げ，それにIFRS開発への積極的貢献が確認されています。しかし，SECは2012年7月のスタッフ最終報告書で，米国がIFRSをそのまま受け入れる可能性を否定し，日本でも2013年に企業会計審議会が，IFRSの強制適用にはふれないまま，必要なら一部を削除ないし修正して自国基準へ取り込み，任意適用に道を開く方式も今後の選択肢に加える当面の方針を表明しています。

　会計基準のグローバル・コンバージェンスは，ひところは単一の基準を世界が共有するうえで，単一の設定主体が決める基準を各国がそのまま国内化するという意味に解されることもありました。そのために基準の品質より統一を優先し，周辺の法や規制，あるいは私的契約との国ごとに異なる補完関係も考慮しないまま，会計基準さえ統一すれば情報は国際的にも比較可能になるという信念だけで，走り続ける傾向があったように思われます。そうした単一基準への信仰が米国SECの詳細なレポートで否定されたのは，識者の多くが予想していた結果であって失望すべきことではありません。重要なのは，それによって最適な国際化の目標までもが見失われないようにすることでしょう。そのためにどうするのかを，もう少し落ち着いて考える局面に来ているというほかはありません。

Memo 9-4

　そもそも経済制度にとって、品質の高さと世界共通の単一性との両立は、いわれるほど簡単なことではありません。仮にできたとしても、画一性へのこだわりは、経済実態のダイナミックな変化に対応した制度改革を妨げることにもなるでしょう。特に目的の異なる制度がある部分で補完し合っている場合（**序章**を参照）には、国ごとに異なる両者の関係がそれらの制度を変える便益とコストの両面に、しばしば重大な影響を与えるのです。

　いうまでもありませんが、ある制度を変える便益は、それと補完関係にある別の制度の目的を損なったり、制約したりするコストとも比較されねばなりません。制度を変えても関連する他の制度がそれに合わせて変われるのでなければ、結果としての制度間の摩擦は将来にわたるコスト要因になります。ある制度を変えるコストは、それに要する一時的な負担だけではありません。

　本来は、国際的な**モデル基準**と各国基準との相互のフィードバックを通じて最適レベルの統合を図るべき会計基準改革において、それと相互補完的な各国諸制度のセットを全体としてどのように変えていくのかという展望を欠いた点は、本書を通じて指摘した硬直的な資産・負債アプローチ11) と合わせて、コンバージェンスの運動がどこかで停滞する原因になったのかもしれません。

---

11) 硬直的というのは、利益が資産・負債の変動に依存するとしても、それだけで決まるわけではないこと（必要性と十分性の違い）が、必ずしも考慮されたとはいえないという意味です。

Discussion

[9-1] 会計制度改革の跛行性(はこう)

　戦後の日本における会計基準と商法・会社法の会計規定を一体としてみると，たとえば資産評価では時価主義的といわれた商法の規定が，企業会計原則の原価評価を受け入れて変わりながら，今度は金融商品の時価評価という会計基準の新しい波に引き戻されるとか，費用配分という会計の基本概念が生み出した繰延資産や引当金を商法が取り入れたかと思うと，会計基準の新しい動向でそれが制限されるとか，行ったり来たりのちぐはぐな動きが印象に残ります。

　ストックからフローへ，そして再びストックへという重点移行などとも説明されますが，それだけでは同じことを言い換えているにすぎません。それは会計基準の「ひとり相撲」なのか，法と会計の間の意思疎通の問題なのか，それぞれが関心を向ける利用者のニーズが違うのか，求められる変化の速度の違いなのか，いろいろな角度から考えてみてください。

[9-2] 会計基準と周辺の法制

　戦後日本の会計制度をみると，商法・会社法や税法などの周辺法制が，部分的にもせよ会計基準にフリー・ライド（ただ乗り）しながら，反対に会計基準を制約してきた面があるようです。他方で，たとえば米国のように，会社法が州ごとに定められ，税法（内国歳入法）と会計制度との相互関係も日本より弱い国では，連邦証券取引規制のもとでの会計基準がもっと自律的に決まるのかもしれません。日本でも米国のような仕組みに変えれば，会計基準が目的の異なる制度に影響されなくて済むと主張する人もいます。欧州の状況も確かめたうえ，なぜ日本の制度がこうなっているのか，それを変えたほうがよいのか，変えることができるの

か，考えてください。

[9-3] 持分法評価と会社法

　連結財務諸表上，関連会社株式は持分法で評価されますが，単体の財務諸表でも，現行の取得原価評価に替えて，子会社および関連会社の株式にこの方法を適用すべきだという意見があるのは**第8章**でもふれたとおりです。しかし，会社法の観点に立つと，持分利益の計上には大きな問題があるようにみられます。反対に，持分損失の計上にはあまり異論がなく，現行法でもごく一部ながら使われています。どうしてだと思いますか。

[9-4] 確定決算基準の趣旨

　日本の法人税制上，課税所得の計算に代替的な方法がある場合は，投資家向けの利益の開示にも使うことを条件に企業が選択できますが（確定決算基準），減価償却については，投資家に開示する利益の計算上，課税所得の計算に使われる法定耐用年数より短い年数を使うのはよくても，長くするのはダメということになりそうです。なぜでしょうか。

[9-5] 連結と単体の分離

　第8章で学んだように，連結財務諸表は親会社，子会社それぞれの単体財務諸表から作られます。したがって，連結と単体の財務諸表に適用される会計基準は基本的に共通であるはずです。しかし，会計基準の国際的な統合ないし調和化が進み，国際基準（IFRS）の影響が強まるとともに，連結と単体に適用される会計基準を切り離す「連単分離」が主張されるようになりました。IFRSの影響を直接に受けるのは連結財務諸表である一方，国内の配当規制や法人所得課税は，もっぱら単体の財務諸表をベースにしています。だから，前者を投資家向けの情報開示に，後者を関係者の利害調整に使い分けるということなのでしょう。この方

法が狙いどおりにうまくいきそうか，考えてみてください。

[9-6] 単体開示の簡素化

　日本の会計制度でも連結情報の開示が中心になっていますが，親会社単体の財務諸表も並行して開示が求められています。それに対して米国では，少なくとも資本市場への情報開示に関する限り連結財務諸表しか要求されません。連結開示の負担が大きくなった昨今，経済界からは単体開示の廃止もしくは大幅な簡素化が求められていますが，それに対して慎重な立場を表明する意見も少なくありません。なぜ日本では単体開示が要求されてきたのか，連結情報が開示されているときに，単体情報を追加開示する意義はどこにあるのか，廃止してかまわないのか，簡素化するならどの程度が望ましいのか，検討してください。

[9-7] 会計基準の国際化

　どこの国でも，上場会社に適用される会計基準は単一というのが原則です。市場が同じならインフラも同じということです。それなら，市場がグローバル化したこの時代，会計基準が国境を越えて近づいていくのは当然でしょう。しかし，世界共通でなければという話になると，実際はなかなか単一の共通基準になりません。どうしてでしょうか。基準の開発を担うIASBの体制とか各国の主権という問題なのでしょうか。それとも基準の品質と画一性が両立しないということでしょうか。あるいはもっと経済制度の本質にかかわる問題があるのでしょうか。あるとしたらどんな問題でしょうか。ご自分の考えをまとめてください。

付録 A
会計基準の国際動向から

　この付録では，前章までの説明を補うため，それに必要な範囲で，国際会計基準（国際財務報告基準；IFRS）の動向を，ごく簡単に紹介します。取り上げる話題は，その目的に直接かかわるものに限ります。当然ながら基準の国際動向を大局的に，バランスよく概観するのが目的ではありません。

1　概念フレームワーク（第3章，第7章）

　IASB による概念フレームワークの見直しでは，2015 年に草案が公開され[1]，2018 年 3 月に改訂版が確定しました。そこでは，資産・負債の測定や利益の開示について従来の主張を大きく転換させ，それらの**測定基礎**を選択する要因として，情報のレリバンス（目的適合性）の観点からキャッシュフローの変動性や価値のリスク感応度といった資産・負債そのものの性質とともに，個々の資産・負債を将来のキャッシュフローに寄与させるビジネスのあり方を掲げ，さらに忠実な表現の観点から，観察可能な測度がないときの測定の不確実性レベルを挙げています。

　これらの要因の兼ね合いによって選択される測定基礎は，①歴史的原価と，②現在の価値とに大きく分けられています。いうまでもなく，歴史的原価は過去の取引に基づく測定値から資産の減損などを引いたもの，また現在の価値とは，市場ベースの公正価値のほか，各企業に固有な資産の使用価値や負債の履行価値を含んだ概念です。

---

1) 概念フレームワークのプロジェクトは IASB と米国 FASB が共同して進めてきましたが，2014 年の討議資料からは IASB が単独で公表しています。

それらの選択を決める上記の要因のうち,キャッシュフローへの寄与のあり方というのは,資産であれば売却する,使わせて料金を取る,事業に使うなど,負債であればその決済や充足の仕方など,の違いを想定したものとみられます。

この間 IASB では,彼らが資産や負債の公正価値測定にこだわって利益情報の有用性を無視ないし軽視しているという批判に対し,それは誤解だとする釈明に努めていました。ここではそうした公正価値イデオロギーをやや後退させて,キャッシュフローを生み出すうえでの資産や負債の使われ方に基づき,測定・評価と利益認識との両面で,公正価値を含む現在の価値と歴史的原価とを合理的に使い分けようとする姿勢がみられます。ただし,過去にも似たような議論が出ては消えた経緯があり,この着想がどこまで活かされるかはまだわかりません。

利益の開示については,**純利益**（純損益 profit or loss；定義はされていない）を,(1)企業の財務的な業績の主要な指標と位置づけるとともに,(2)すべての損益要素は OCI に分類したほうが純利益情報のレリバンスや表現の忠実性を高める場合を除いて純利益に含め,(3) OCI とした場合は適時に純利益へ**リサイクル**させる方法を,反証の余地がある（IASB が認めないこともある）デフォルトとしています。上記でいう測定基礎は財政状態と経営成績のいずれにも共通するものですが,前者を現在の価値で測る一方,後者を歴史的原価で測るほうがよりレリバントで忠実な情報をもたらすなら,純利益と OCI への包括利益の区分も,OCI のリサイクリングも認めるということのようです[2]。

---

2) そもそも OCI のリサイクリングが純利益のレリバンスを高めないような場合には,はじめからその要素を OCI に含めるべきではなかったのであり,OCI に含めたのであれば,リサイクルさせるのが原則ということになるのでしょう。

2 金融商品（第3章）

　現行の国際会計基準では，すでに述べたとおり，株式は子会社・関連会社のものを除きすべて**公正価値測定**し，差額はその期の純利益としますが，当初の選択により OCI とすることも可能になっています。ただし，このオプションを選択したときにはリサイクリングを認めません。他方，債券（市場価格のあるもの）について，従来の基準では，**契約上のキャッシュフローを回収する目的で保有する**という事業モデルであって，しかもその契約条件により特定の日に生じるキャッシュフローが元本と利息の支払いだけからなる場合に限り償却原価，それ以外はすべて公正価値で測定し差額を純利益に反映させてきました。

　しかし，この債券の評価と利益認識についてはその後も IASB で改訂の審議が続けられ，2014 年に確定された新しい基準では，契約条件によって特定の日に生じるキャッシュフローが元本と利息の支払いだけからなり，契約上のキャッシュフローの回収または売却を目的とする事業モデルを確認できる場合であれば，公正価値で測定して差額は OCI に含めるという分類が加えられました。償却原価で測定するケースや，公正価値測定して差額を純利益に含めるケースは従来どおりです。ちなみに米国は，この事業モデルのテストも契約キャッシュフロー特性の要件も採用せず，債券については従来の基準を維持し，また株式はすべて公正価値で測定して変動分はその期の純利益に反映させることとしています。

　また，公正価値変動を純利益とするものを除く金融資産について，**予想信用損失モデル**と呼ばれる新たな減損のルールが定められましたが，その詳細は省きます。他方，負債については，かねて論議のあった自社の信用リスクに起因する公正価値の変動を，純利益から除いて OCI とする（リサイクルなし；米国基準はリサイクル）ことが明確にされました。国際基準も米国基準も日本基準も，金融商品を①償却原価で測定するもの，②公正価値測定して差額を純利益に反映させるもの，③公正価値測定して差額を OCI とするもの，

に分ける点で変わりはないのですが，測定されるものの性質ではなく測定尺度の分類だけを揃えても，株式や債券にどうあてはめるか，OCIのリサイクリングをどうするかは必ずしも統一されません。

3 収益認識（第4章）

　契約資産・契約負債の概念を工夫して，顧客との契約から生ずる収益認識に公正価値会計を適用しようとしてきたIASBとFASBの共同プロジェクトは，取引価格の配分という従来の方式に回帰する方向へ軌道修正を余儀なくされました。2014年に確定した共同の基準書は，契約対価を契約上の履行義務に配分し，義務を果たしたときにその分を収益に振り替えるというアプローチに落ち着きました。ただ，そこでは履行義務の充足に基づく収益認識の基準を，これまでの稼得・実現から財やサービスに対する**支配の顧客への移転**に置き換えていますが，支配の移転を確認しにくい進行基準の位置づけは明確ではありません。

　新しい基準では，契約上の履行義務が，①一時点で充足される場合と②一定期間にわたり充足される場合を区別し，それぞれについて約束の財やサービスに対する支配が顧客に移転される要件を示しています。資産の支配とは，その使用を指示し，残された便益の実質上すべてを獲得する能力とされていますが，認識のハードルが従来と比べてどうなるのかは一概にはいえないようです。ただし，②の場合には，契約を引き継いだ他の企業がすでに完了した作業を実質上やり直す必要がなければ履行義務は充足されているとみるなど，かなり人為的な工夫を加えて進行基準の適用に余地を残しています。

　なお，**第4章**で紹介した契約資産・契約負債は，契約上の権利を法的には未確定の対価請求権残高とみて，それを残存する履行義務と相殺した正味の概念でしたが，新基準では確定した対価（現金ないし売上債権）を受け取る前に履行義務を果たした分が契約資産に，また履行義務を果たす前に対価を受け取った分が契約負債に，それぞれ計上されることとなります。資産か負債のいずれかが正味の残

高として認識される点を含めて，結果は特に変わりませんが，公正価値測定をやめて取引価格の配分に戻る以上，そのほうが自然かもしれません。どちらにしても契約資産・負債は，もはや契約対価を収益に配分する操作の一環にすぎません。

4 リース契約（第5章）

リースについては，従来のようにファイナンス・リースとオペレーティング・リースとに分けるのでなく，短期のものを除いたすべてを**使用権資産**とリース債務とでオンバランス処理する新たな基準が検討され，IASBとFASBから2013年に草案が再公開されました。ただし，資産・負債のオンバランスは一律でも，費用の配分では借り手側でファイナンス・リースに近いものとそれ以外とを分け，前者については使用権資産の減価償却費とリース負債の利息費用を独立に計算する（結果的に費用が早期に傾斜配分される）一方，後者ではリース債務の減少分に使用権資産の減価償却を合わせ，定額のリース費用を計上することとしていました。

これはIASBとFASBとがコンバージェンスに向けて折り合った結果だったようですが，両者の立場の開きは大きく，IASBは2016年の新基準で（短期のものや**重要性のないもの**を除く）すべてのリースをオンバランス化するだけでなく，費用配分もファイナンス・リースと同じ方法で一律に処理する2010年の公開草案に戻りました。他方でFASBは，ファイナンス・リースをIASBと同様に処理する一方，オペレーティング・リースでは資産・負債をオンバランスで認識しながら費用は原則として定額で期間配分し，リース債務に対する利子を分けずに，単一のリース費用を開示する方式を維持することになりました。

(2022年1月現在)

付録 B
財務諸表の標準様式

「連結財務諸表の用語，様式及び作成方法に関する規則」ならびに「財務諸表等の用語，様式及び作成方法に関する規則」（いずれも内閣府）による。

【連結貸借対照表】

(単位：　　円)

	前連結会計年度 (　年　月　日)	当連結会計年度 (　年　月　日)
資産の部		
流動資産		
現金及び預金	×× ×	×× ×
受取手形	×× ×	×× ×
貸倒引当金	△×× ×	△×× ×
受取手形（純額）	×× ×	×× ×
売掛金	×× ×	×× ×
貸倒引当金	△×× ×	△×× ×
売掛金（純額）	×× ×	×× ×
契約資産	×× ×	×× ×
貸倒引当金	△×× ×	△×× ×
契約資産（純額）	×× ×	×× ×
リース債権及びリース投資資産	×× ×	×× ×
貸倒引当金	△×× ×	△×× ×
リース債権及びリース投資資産(純額)	×× ×	×× ×
有価証券	×× ×	×× ×
商品及び製品	×× ×	×× ×
仕掛品	×× ×	×× ×
原材料及び貯蔵品	×× ×	×× ×
その他	×× ×	×× ×
流動資産合計	×× ×	×× ×
固定資産		
有形固定資産		
建物及び構築物	×× ×	×× ×
減価償却累計額	△×× ×	△×× ×
建物及び構築物（純額）	×× ×	×× ×
機械装置及び運搬具	×× ×	×× ×

減価償却累計額	△×× ×	△×× ×
機械装置及び運搬具（純額）	×× ×	×× ×
土地	×× ×	×× ×
リース資産	×× ×	×× ×
減価償却累計額	△×× ×	△×× ×
リース資産（純額）	×× ×	×× ×
建設仮勘定	×× ×	×× ×
その他	×× ×	×× ×
減価償却累計額	△×× ×	△×× ×
その他（純額）	×× ×	×× ×
有形固定資産合計	×× ×	×× ×
無形固定資産		
のれん	×× ×	×× ×
リース資産	×× ×	×× ×
公共施設等運営権	×× ×	×× ×
その他	×× ×	×× ×
無形固定資産合計	×× ×	×× ×
投資その他の資産		
投資有価証券	×× ×	×× ×
長期貸付金	×× ×	×× ×
貸倒引当金	△×× ×	△×× ×
長期貸付金（純額）	×× ×	×× ×
退職給付に係る資産	×× ×	×× ×
繰延税金資産	×× ×	×× ×
その他	×× ×	×× ×
投資その他の資産合計	×× ×	×× ×
固定資産合計	×× ×	×× ×
繰延資産		
創立費	×× ×	×× ×
開業費	×× ×	×× ×
株式交付費	×× ×	×× ×
社債発行費	×× ×	×× ×
開発費	×× ×	×× ×
繰延資産合計	×× ×	×× ×
資産合計	×× ×	×× ×
負債の部		
流動負債		
支払手形及び買掛金	×× ×	×× ×
短期借入金	×× ×	×× ×
リース債務	×× ×	×× ×
未払法人税等	×× ×	×× ×

契約負債	×××	×××
××引当金	×××	×××
資産除去債務	×××	×××
公共施設等運営権に係る負債	×××	×××
その他	×××	×××
流動負債合計	×××	×××
固定負債		
社債	×××	×××
長期借入金	×××	×××
リース債務	×××	×××
繰延税金負債	×××	×××
××引当金	×××	×××
退職給付に係る負債	×××	×××
資産除去債務	×××	×××
公共施設等運営権に係る負債	×××	×××
その他	×××	×××
固定負債合計	×××	×××
負債合計	×××	×××
純資産の部		
株主資本		
資本金	×××	×××
資本剰余金	×××	×××
利益剰余金	×××	×××
自己株式	△×××	△×××
株主資本合計	×××	×××
その他の包括利益累計額		
その他有価証券評価差額金	×××	×××
繰延ヘッジ損益	×××	×××
土地再評価差額金	×××	×××
為替換算調整勘定	×××	×××
退職給付に係る調整累計額	×××	×××
…………	×××	×××
その他の包括利益累計額合計	×××	×××
株式引受権	×××	×××
新株予約権	×××	×××
非支配株主持分	×××	×××
純資産合計	×××	×××
負債純資産合計	×××	×××

(記載上の注意)
1. 連結会社が営む事業のうちに別記事業がある場合その他上記の様式により

> がたい場合には，当該様式に準じて記載すること。
> 2. 繰延税金資産及び繰延税金負債については，第45条の規定により表示すること。

＊個別（単体）の貸借対照表は項目分類がもっと細かく，また純資産の部が以下のようになる。

純資産の部		
株主資本		
資本金	×××	×××
資本剰余金		
資本準備金	×××	×××
その他資本剰余金	×××	×××
資本剰余金合計	×××	×××
利益剰余金		
利益準備金	×××	×××
その他利益剰余金		
××積立金	×××	×××
…………	×××	×××
繰越利益剰余金	×××	×××
利益剰余金合計	×××	×××
自己株式	△×××	△×××
株主資本合計	×××	×××
評価・換算差額等		
その他有価証券評価差額金	×××	×××
繰延ヘッジ損益	×××	×××
土地再評価差額金	×××	×××
…………	×××	×××
評価・換算差額等合計	×××	×××
株式引受権	×××	×××
新株予約権	×××	×××
純資産合計	×××	×××
負債純資産合計	×××	×××

【連結損益計算書】

(単位： 円)

	前連結会計年度 (自　　年月日 至　　年月日)	当連結会計年度 (自　　年月日 至　　年月日)
売上高	×××	×××
売上原価	×××	×××
売上総利益（又は売上総損失）	×××	×××
販売費及び一般管理費		
…………………	×××	×××
…………………	×××	×××
…………………	×××	×××
販売費及び一般管理費合計	×××	×××
営業利益（又は営業損失）	×××	×××
営業外収益		
受取利息	×××	×××
受取配当金	×××	×××
有価証券売却益	×××	×××
持分法による投資利益	×××	×××
…………………	×××	×××
…………………	×××	×××
営業外収益合計	×××	×××
営業外費用		
支払利息	×××	×××
有価証券売却損	×××	×××
持分法による投資損失	×××	×××
…………………	×××	×××
…………………	×××	×××
営業外費用合計	×××	×××
経常利益（又は経常損失）	×××	×××
特別利益		
固定資産売却益	×××	×××
負ののれん発生益	×××	×××
…………………	×××	×××
…………………	×××	×××
特別利益合計	×××	×××
特別損失		
固定資産売却損	×××	×××
減損損失	×××	×××
災害による損失	×××	×××

………………	×　×　×	×　×　×
………………	×　×　×	×　×　×
特別損失合計	×　×　×	×　×　×
税金等調整前当期純利益（又は税金等調整前当期純損失）	×　×　×	×　×　×
法人税，住民税及び事業税	×　×　×	×　×　×
法人税等調整額	×　×　×	×　×　×
法人税等合計	×　×　×	×　×　×
当期純利益（又は当期純損失）	×　×　×	×　×　×
非支配株主に帰属する当期純利益（又は非支配株主に帰属する当期純損失）	×　×　×	×　×　×
親会社株主に帰属する当期純利益（又は親会社株主に帰属する当期純損失）	×　×　×	×　×　×

（記載上の注意）

　連結会社が営む事業のうちに別記事業がある場合その他上記の様式によりがたい場合には，当該様式に準じて記載すること。

【連結包括利益計算書】

(単位： 円)

	前連結会計年度 (自　　年 月 日 至　　年 月 日)	当連結会計年度 (自　　年 月 日 至　　年 月 日)
当期純利益（又は当期純損失）	×××	×××
その他の包括利益		
その他有価証券評価差額金	×××	×××
繰延ヘッジ損益	×××	×××
為替換算調整勘定	×××	×××
退職給付に係る調整額	×××	×××
持分法適用会社に対する持分相当額	×××	×××
………………	×××	×××
その他の包括利益合計	×××	×××
包括利益	×××	×××
(内訳)		
親会社株主に係る包括利益	×××	×××
非支配株主に係る包括利益	×××	×××

(記載上の注意)
　　(略)

【連結キャッシュ・フロー計算書（直接法）】

(単位： 円)

	前連結会計年度 (自　　年月日 至　　年月日)	当連結会計年度 (自　　年月日 至　　年月日)
営業活動によるキャッシュ・フロー		
営業収入	×× ×	×× ×
原材料又は商品の仕入れによる支出	△×× ×	△×× ×
人件費の支出	△×× ×	△×× ×
その他の営業支出	△×× ×	△×× ×
小計	×× ×	×× ×
利息及び配当金の受取額	×× ×	×× ×
利息の支払額	△×× ×	△×× ×
損害賠償金の支払額	△×× ×	△×× ×
…………	×× ×	×× ×
法人税等の支払額	△×× ×	△×× ×
営業活動によるキャッシュ・フロー	×× ×	×× ×
投資活動によるキャッシュ・フロー		
有価証券の取得による支出	△×× ×	△×× ×
有価証券の売却による収入	×× ×	×× ×
有形固定資産の取得による支出	△×× ×	△×× ×
有形固定資産の売却による収入	×× ×	×× ×
投資有価証券の取得による支出	△×× ×	△×× ×
投資有価証券の売却による収入	×× ×	×× ×
連結の範囲の変更を伴う子会社株式の取得による支出	△×× ×	△×× ×
連結の範囲の変更を伴う子会社株式の売却による収入	×× ×	×× ×
貸付けによる支出	△×× ×	△×× ×
貸付金の回収による収入	×× ×	×× ×
…………	×× ×	×× ×
投資活動によるキャッシュ・フロー	×× ×	×× ×
財務活動によるキャッシュ・フロー		
短期借入れによる収入	×× ×	×× ×
短期借入金の返済による支出	△×× ×	△×× ×
長期借入れによる収入	×× ×	×× ×
長期借入金の返済による支出	△×× ×	△×× ×
社債の発行による収入	×× ×	×× ×
社債の償還による支出	△×× ×	△×× ×
株式の発行による収入	×× ×	×× ×

自己株式の取得による支出	△×××	△×××
配当金の支払額	△×××	△×××
非支配株主への配当金の支払額	△×××	△×××
連結の範囲の変更を伴わない子会社株式の取得による支出	△×××	△×××
連結の範囲の変更を伴わない子会社株式の売却による収入	×××	×××
………………	×××	×××
財務活動によるキャッシュ・フロー	×××	×××
現金及び現金同等物に係る換算差額	×××	×××
現金及び現金同等物の増減額(△は減少)	×××	×××
現金及び現金同等物の期首残高	×××	×××
現金及び現金同等物の期末残高	×××	×××

(記載上の注意)
1. 「配当金の支払額」には，連結財務諸表提出会社による配当金の支払額を記載すること。
2. 「利息及び配当金の受取額」については，「投資活動によるキャッシュ・フロー」の区分に記載し，「利息の支払額」については，「財務活動によるキャッシュ・フロー」の区分に記載することができる。
3. 金額の重要性が乏しい項目については，「その他」として一括して記載することができる。
4. 連結会社が営む事業のうちに別記事業がある場合その他上記の様式によりがたい場合には，当該様式に準じて記載すること。

【連結キャッシュ・フロー計算書（間接法）】

(単位：　　　円)

	前連結会計年度 (自　　年月日 至　　年月日)	当連結会計年度 (自　　年月日 至　　年月日)
営業活動によるキャッシュ・フロー		
税金等調整前当期純利益（又は税金等調整前当期純損失）	×××	×××
減価償却費	×××	×××
減損損失	×××	×××
のれん償却額	×××	×××
貸倒引当金の増減額（△は減少）	×××	×××
受取利息及び受取配当金	△×××	△×××
支払利息	×××	×××
為替差損益（△は益）	×××	×××
持分法による投資損益（△は益）	×××	×××
有形固定資産売却損益（△は益）	×××	×××
損害賠償損失	×××	×××
売上債権の増減額（△は増加）	×××	×××
棚卸資産の増減額（△は増加）	×××	×××
仕入債務の増減額（△は減少）	×××	×××
………………	×××	×××
小計	×××	×××
利息及び配当金の受取額	×××	×××
利息の支払額	△×××	△×××
損害賠償金の支払額	△×××	△×××
………………	×××	×××
法人税等の支払額	△×××	△×××
営業活動によるキャッシュ・フロー	×××	×××

以下は直接法に同じ。

索　引

◆ あ 行

アップストリームの取引　208
後入先出法（LIFO）　121
一行連結　216
イン・プロセスの研究開発費　139
売上原価　29, 91
売上収益　29, 91
売上高利益率　31
運転資本　23
営業利益　16, 74
エンティティー　50
オフバランス　64
オフバランス化　146
オフバランス処理　134
オペレーティング・リース　136
親会社　196
親会社概念　212
オンバランス　64
オンバランス処理　134

◆ か 行

会計基準　3
　——間の競争　242
会計情報　13, 20
会計ビッグ・バン　235
外国通貨建ての取引　104
開示規制　230
会社計算規則　236
会社法　172, 173, 232
回収可能額　130, 237
回収された投資の価値　116
蓋然性　162
概念フレームワーク　49, 243, 251
開発費　139
外部基金　156
確定給付型　151
確定決算　236
確定決算基準　249
過去勤務費用　156
貸　方　41
貸倒損失　94
貸倒引当金　82, 94
加速償却　125
価値減耗　122
　——のパターン　123
合　併　217
株価収益率（PER）　30, 31
株価純資産倍率　→株価簿価倍率
株価簿価倍率（PBR）　30, 31
株価利益倍率　→株価収益率
株主資本　28, 176
株主資本等変動計算書　172, 205
株主取引　39
株主持分の継続　221
株主有限責任　173
借　方　41
為替換算調整勘定　183
為替差益　105
為替差損　105
換算替え　105
勘　定　41

索　引

関連会社　215
機会費用　18
期間帰属　93
期間配分　56, 119
企業会計　12
企業会計基準委員会（ASBJ）
　　50, 240
企業会計原則　230
企業会計審議会　230
企業会計制度　5
企業価値　14, 68
　　——の評価　71
企業結合会計基準　238
企業集団　196
期待外の利潤　117
期末日レート　105
義務の履行　96
逆取得　220
キャッシュ　14, 72
キャッシュフロー　14, 72
キャッシュフロー計算書　32
キャッシュフロー生成単位
　　132　→資金生成単位
キャッシュフロー・ヘッジ
　　110, 181
キャピタル・ゲイン　73
共通支配下の取引　245
共同支配企業の形成　245
拠出資本　53, 170
勤務費用　152
金融商品　78
　　——の時価評価　233
金融商品取引法　3, 228
金融投資　74, 77
金融派生商品　→デリバティブ
金融負債　145
金利スワップ契約　181

偶発債務　161
偶発損失　161
クリティカル・イベント　94
繰延項目　232
繰延ヘッジ損益　182
クリーン・サープラス関係　42
グローバル・コンバージェンス
　　33, 240
経済的資源　52
経済的単一体概念　212
経済的な耐用期限　123, 124
契約資産　102, 254
契約上の義務　97
契約上のキャッシュフロー
　　252
契約対価　102, 254
契約負債　102, 254
決算書　3
原　価　44
減価償却（費）　16, 28, 123
原価配分　118
研究開発費　234
現金主義　56
現在価値　15
減資差益　175
減　損　130, 237
　　——の戻し入れ　237
減損損失　131
権利行使価格　184
ゴーイング・コンサーン　218
恒久利益　24, 26
公共財　4
工事完成基準　98
工事進行基準　99
公正価値　70
　　——のヘッジ　109
公正価値オプション　149

公正価値会計　77
　——の適用範囲　77
公正価値測定　252
公正な会計慣行　32
公認会計士監査　7,230
子会社　196
子会社株式の一部売却　214
子会社株式の追加取得　214
顧客との契約　97,101
国際会計基準（IFRS）　243
　→国際財務報告基準
国際会計基準審議会（IASB）
　33,50,228
国際財務報告基準（IFRS）
　243　→国際会計基準
個別（単体）財務諸表　233

◆ さ　行

債権価値の希薄化　173
財産目録　231
再測定　90
再投資　23
再分類　→リサイクリング
財務会計基準審議会（FASB）
　49,237
財務諸表　26
　——の構成要素　49
財務諸表準則　230
債務超過　197
債務不履行　81
財務リスク　31
財務レバレッジ　31
先入先出法（FIFO）　121
先物取引　106
先物レート　107
先渡取引　106
左右均衡　40

残余リスク　64
時　価　44,69
時価会計　80,237
直物取引　107
直物レート　107
事業活動に使われている資産
　70,73
事業収益　94
事業投資　74,77
事業モデル　82
事業用固定資産　122
資金生成単位　132,211　→キ
　ャッシュフロー生成単位
自己株式　175
　——の残高　176
　——の処分差益　175
自己資本　27,170
自己資本比率　31
自己資本利益率（ROE）　30
自己創設のれん　68,150
事後の事実　20
資　産　27,50,52,67
資産除去債務　157
資産除去費用　157
資産代替　174
資産評価　232
資産・負債アプローチ　45
自社の信用リスク　149
事前の予想　20
実　現　75
実現可能　76
実質支配力基準　235
実質優先　52
支　配　52
　——の顧客への移転　254
資　本　53,64
資本価値　16

索　引

資本金　175
資本コスト　5, 16
資本支出　92
資本準備金　175
資本剰余金　175
資本制度　173
資本と利益の区分　171
資本取引　28, 39
資本連結　200
社内積立方式　156
収　益　29, 54
収益性の低下　129
収益認識　92
収益・費用アプローチ　45
取得原価　117
取得日レート　105
純資産　27, 53, 170
純利益　28, 54, 252
償却原価　253
償却原価法　81, 147
償却前利益　21
証券化　87　→流動化
使用権資産　255
条件付き債務　161
証券取引委員会（SEC）　241
証券取引法　228, 230
上場企業　3
少数株主持分　→非支配株主持分
商法　228, 229
情報開示制度　3　→ディスクロージャー制度
情報価値　53
情報の非対称　3
正味運転資本　23
正味キャッシュフロー　15, 23
剰余金　175
仕　訳　41

新株予約権　184
推定的債務　164
数理計算上の差異　183
ストック・オプション　176, 188
税効果会計　234
政策投資　83
生産高比例法　127
正常利潤　117
制度資産　156
セール・アンド・リースバック　137
全部のれん　204
全面公正価値会計　78
戦略投資　→政策投資
相互補完性　7
総資産回転率　31
総資本利益率（ROA）　30
測　定　64
測定基礎　251
その他資本剰余金　175
その他の包括利益（OCI）　28, 47
その他の包括利益累計額　53, 178
その他利益剰余金　176
損益計算書　26, 39

◆ た 行

対　応　75, 116
　収益と費用の――　91
対価の受領　96
貸借均衡　41
貸借対照表　26　→バランスシート
退職給付債務　151, 152
退職給付費用　151, 152

対等合併　238
耐用年数　123
ダウンストリームの取引　208
棚卸資産　119
単　体　196
超過利潤　210
長期性資産　129
直線法　125
賃貸借処理　134
定額法　125
低価法　129
ディスカウント　81, 91
ディスクロージャー制度　6
　→情報開示制度
定率法　125
デット・アサンプション　146
デット・エクイティ・スワップ
　194
デリバティブ　84, 109, 181
投　機　85, 113
東京合意　245
投　資　12, 20
　——の回収　116
　——を回収した余剰　116
投資意思決定　6
投資価値　14
投資原価　73, 157
投資不動産　86
同等性評価　239, 243
飛ばし　88
トライアングル体制　236
取　引　41

◆ な　行

内部収益率　135
内部取引　198
内部利益　207

認　識　64
　——の中止　64, 146
値上がり益　73
のれん　68, 139, 201, 239
　——の減損　211
　——の償却　210

◆ は　行

売価還元棚卸法　122
買　収　219
買収法　→パーチェス法
配当規制　230
売買可能証券　80
売買処理　134
売買目的証券　80
パーチェス法　218, 239
発生主義　56
発生費用　118
発展経路　228
バランスシート　26, 39　→貸
　借対照表
販売収入　73
販売代金の回収リスク　93
引当金　161, 233
非金融負債　145
ビジネス（事業）のリスク　93
非支配株主　189
　——に帰属する子会社利益
　212
非支配株主持分　189, 203
ビッグ・バス　130
1株当たり利益　213, 214
費　用　29, 54
評価替え　90
評価差額　44
費用配分　118
ファイナンス・リース　51, 133

不確定な請求権　12
複式簿記　38
含み益　237
負　債　27, 51, 52, 144
負債比率　31
付随費用　123
ブランド価値　139
振当処理　109
フリー・キャッシュフロー　24
フレッシュ・スタート法　221, 239
プレミアム　81, 91
プロサイクリカリティー　88
粉飾決算　233
分配規制　173, 174
平均原価法　121
ヘッジ　85, 106
ヘッジ会計　237
包括利益　28, 53
法定耐用年数　124
補完関係　228
保守性　128
保有利得　73

◆ ま 行

マーケット・アプローチ　243
満期保有目的債券　80
未解消項目　57
無形資産　138
無条件債務　163
持合株　83
持　分　170
　──の結合　221
持分損失　216
持分プーリング法　218, 238, 245
持分法　216

持分利益　216
モデル基準　247

◆ や 行

有価証券報告書　3
有償取得のれん　202
有税償却　142
余資の運用に充てられている資産　71, 72
予想信用損失モデル　253

◆ ら 行

利　益　16
利益準備金　175
利益剰余金　175
履行義務　254
リサイクル（リサイクリング）　47, 252
リスク　5, 12
　──からの解放　74, 92
　──の消滅　72
リース契約　133, 254
リース資産　135
リース負債　135
利息費用　152
利息法　147
リターン　5
流動化　87　→証券化
留保利益　53, 170
歴史的原価　69
レジェンド条項　240
連結企業集団　197
連結財務諸表　197
連結中心の財務報告　235
連結の主体　212
連結利益　209
連単分離　249

◆ わ 行

割引率　15

◆ アルファベット

ASBJ　→企業会計基準委員会
EDINET　3
FASB　→財務会計基準審議会
FIFO　→先入先出法
IASB　→国際会計基準審議会
IFRS　→国際会計基準，国際財務報告基準
LIFO　→後入先出法
OCI　→その他の包括利益
OCI累計額　→その他の包括利益累計額
PBR　→株価簿価倍率
PER　→株価収益率
ROA　→総資本利益率
ROE　→自己資本利益率
SEC　→証券取引委員会

◆ 著者紹介

斎藤 静樹（さいとう・しずき）

1942 年生まれ
東京大学大学院経済学研究科博士課程修了（経済学博士）
東京大学名誉教授，明治学院大学名誉教授
　企業会計基準委員会（Accounting Standards Board of Japan; ASBJ）委員長
　（初代，2001～07 年）のほか，金融審議会，企業会計審議会などの委員を歴任
主要著書（単著）：
『会計測定の理論』森山書店，1975 年
『資産再評価の研究』東京大学出版会，1984 年
『企業会計――利益の測定と開示』東京大学出版会，1988 年
『企業会計とディスクロージャー』東京大学出版会，1999 年（第 4 版，2010 年）
『会計基準の研究』中央経済社，2009 年（新訂版，2019 年）
主要編著書：
『詳解「討議資料・財務会計の概念フレームワーク」』中央経済社，2005 年
　（第 2 版，2007 年）
『企業会計の基礎概念』中央経済社，2011 年（体系現代会計学第 1 巻，共編）
監訳書：
『企業分析入門』（K. G. パレプ他）東京大学出版会，1999 年（第 2 版，2001 年）

企業会計入門 ―― 考えて学ぶ〔補訂版〕
Introduction to Corporate Accounting, revised ed.

2014 年 12 月 15 日　初　版第 1 刷発行
2016 年 3 月 15 日　補訂版第 1 刷発行
2023 年 9 月 30 日　補訂版第 6 刷発行

著　者　　斎　藤　静　樹
発行者　　江　草　貞　治
発行所　　株式会社　有　斐　閣

郵便番号 101-0051
東京都千代田区神田神保町 2-17
http://www.yuhikaku.co.jp/

印刷・株式会社理想社／製本・牧製本印刷株式会社
© 2016, Shizuki Saito. Printed in Japan
落丁・乱丁本はお取替えいたします。
★定価はカバーに表示してあります。

ISBN 978-4-641-16477-2

JCOPY　本書の無断複写（コピー）は，著作権法上での例外を除き，禁じられています。複写される場合は，そのつど事前に(一社)出版者著作権管理機構（電話03-5244-5088, FAX03-5244-5089, e-mail: info@jcopy.or.jp）の許諾を得てください。

本書のコピー，スキャン，デジタル化等の無断複製は著作権法上での例外を除き禁じられています。本書を代行業者等の第三者に依頼してスキャンやデジタル化することは，たとえ個人や家庭内での利用でも著作権法違反です。